Hallo,
schön, dass du da bist!

Wo liegt eigentlich unter Tage?
Wie kommt ein Schiff eine Treppe runter?
Und was bitte schön ist ein Tunneligel?

Auf mausschlaue Fragen wie diese findest du in
diesem Buch die richtigen Antworten. Antworten,
die dich neugierig machen sollen auf eine Region,
in der du viel entdecken und noch mehr erleben
kannst: das Ruhrgebiet. Eine Region, die aus
53 Städten und Gemeinden besteht und in der
unzählige Kinder leben und jede Menge Spaß
haben. In Museen, in der Natur, auf Spielplätzen
oder gemeinsam mit Tieren. Auf den nächsten Seiten
geht es für dich zurück in der Zeit, hoch hinaus
oder ganz tief unter die Erde. Gemeinsam mit
deinen Eltern erforschst du das Mittelalter und
alte Industrieanlagen, holst frische Luft mit Lamas
oder findest Kultur im Kanal.

Und sonst?
Lass dich überraschen!

Geschichte & Museen

Typisch Ruhrgebiet

1

Ruhr Museum Essen, oder: WARUM WIRD KOHLE EIGENTLICH GEWASCHEN?

Das Ruhr Museum findest du auf der Zeche Zollverein in Essen, einem alten Steinkohlebergwerk. Dieser Standort passt gut, denn das Museum erklärt dir zum Beispiel, warum es im Ruhrgebiet überhaupt Kohle gibt. Und für eine tolle Museumstour brauchst du nicht viel mehr als eine spezielle Tasche und Lust auf eine Reise, die dem Weg der Kohle folgt.

Eigentlich ist das Ruhr Museum nicht nur ein einziges Museum, sondern gleich mehrere Museen auf einmal: ein historisches Museum, ein Naturkundemuseum und ein archäologisches Museum, alles unter einem Dach. Tatsächlich erzählt es die gesamte Geschichte des Ruhrgebiets – von der Entstehung der Kohle, was mehr als 300 Millionen Jahre her ist, bis heute, da aus vielen ehemaligen Zechen und Stahlwerken längst Veranstaltungsorte, Parks und Museen geworden sind. Eine Entwicklung, die man übrigens Strukturwandel nennt, weil die alten Gebäude geblieben sind, jetzt aber neue Aufgaben haben.

Rätsel-Reise

Wenn du dieses ungewöhnliche Museum als Forscherin und Entdecker kennenlernen möchtest, dann machst du das am besten mit der *Rätsel-Reise Ruhr Museum.* Das ist der Name einer speziellen Museumstasche, die man am Eingang ausleihen kann. In ihr stecken so einige Forscherutensilien, eine Lupe und ein Sehrohr zum Beispiel, die du auf deiner Entdeckungsreise gut gebrauchen kannst. Deine Aufgabe auf dieser Reise? Rätsel zu lösen. Und das erste findet sich gleich außen auf der Tasche: Was bedeuten ein „R", ein Ziffernblatt, eine Kuh, Wasser und ein Puzzleteil mit den Buchstaben „U" und „M"? Wie wäre es mit: R-Uhr Muh-See-um? Und so ähnlich geht es weiter: In jeder Tasche stecken zwei Forscherhandbücher randvoll mit spannenden Aufgaben. Und wer die löst, erfährt ganz nebenbei jede Menge über die Natur, die Archäologie und die Geschichte der Region.

Von oben nach unten

Anders als in anderen Museen beginnt die Reise aber nicht im Erdgeschoss, sondern oben unterm Dach. Das hat damit zu tun, wie hier früher die Kohle verarbeitet wurde – doch dazu erfährst du gleich noch mehr. Wichtig ist: Dieses Museum beginnt – anders als viele andere – nicht mit der Vergangenheit, sondern erklärt auf der obersten Etage erst einmal die Gegenwart des Ruhrgebiets. Und zu der steckt

Ein Pott-Puzzle

in deiner Tasche ein Puzzle. Teilchen für Teilchen kannst du dir jetzt die Vielfalt der Kulturen, Menschen und Tiere im Pott (so wird das Ruhrgebiet auch genannt) zusammensetzen und erfährst dabei Stück für Stück, wer und was hier heute eigentlich lebt.

Ein Stockwerk tiefer ist alles ganz anders. Denn jetzt befindest du dich nicht mehr im modernen Ruhrgebiet, sondern mitten in der Vergangenheit der Region. Auch hier ist die Tasche ein hilfreicher Begleiter und führt dich mit Denkspielen und Aufgaben durch die Geschichte. Ganz egal, ob die jetzt ein paar tausend Jahre zurückliegt wie die Eroberungsfeldzüge der Römer oder ein paar Millionen Jahre wie Eis- und Steinzeit. Versteinerte Überreste, Fossilien genannt, zeigen dir zum Beispiel haargenau, wie die Lebewesen eines riesigen Urzeitmeeres aussahen, das es hier einst gab.

Und wie war das jetzt mit der Kohle? Um dieser Frage auf den Grund zu gehen, musst du wortwörtlich ganz nach unten, auf die unterste Ebene des Museums. Schließlich findet sich auch Kohle nicht auf, sondern in der Erde. Und dort erfährst du dann – wieder mithilfe deiner Tasche – dass Kohle nichts anderes ist, als zusammengepresste abgestorbene Pflanzen, die vor gut 300 Millionen Jahren in einem Sumpf wuchsen. Das war für das Ruhrgebiet enorm wichtig, denn die Kohlevorkommen haben die Gegend reich gemacht. Es wurden Zechen gebaut und große Fabriken. Und was ist, wenn es keine Kohle mehr gibt? Auch dieser Frage geht das Ruhr Museum nach, denn bereits heute ist sicher, dass ab 2018 keine Kohle mehr abgebaut wird. Wie sieht wohl das Ruhrgebiet der Zukunft aus? Wer weiß, vielleicht steckt ja auch dazu etwas in der Rätsel-Tasche. Finde es doch einfach heraus!

Fossilien aus dem Urzeitmeer !

Info

RUHR MUSEUM
UNESCO-Welterbe Zollverein
Areal A Schacht XII
Kohlenwäsche A 14

Gelsenkirchener Straße 181
45309 Essen
Tel. (02 01) 24 68 14 44
www.ruhrmuseum.de

Das Gebäude auf Zollverein, in dem sich das Ruhr Museum befindet, ist eigentlich gar kein Gebäude. Ursprünglich war es eine Maschine, und die Menschen haben nicht darin gearbeitet, sondern sie von außen bedient. Diese Maschine heißt Kohlenwäsche. Aber warum sollte man Kohle waschen? Nicht um sie sauber zu machen, so viel ist schon mal sicher. Tatsache ist: Was die Bergleute aus der Erde herausholten, war keine reine Kohle, es war auch viel Gestein dabei, das niemand gebrauchen konnte. Um beides voneinander zu trennen – die wertvolle Kohle von den überflüssigen Steinen –, wurde einfach alles in ein großes Wasserbecken geworfen.

Was dann passierte?

Probiere es einfach selbst aus: Nimm ein Stück Holzkohle (vielleicht ist ja noch welche vom letzten Familiengrillabend übrig) und ein paar Steine und wirf alles in einen Eimer mit Wasser. Da Kohle leichter ist als Wasser, schwimmt sie oben. Das schwerere Gestein dagegen sammelt sich am Boden.

Genauso haben es die Bergleute in der Kohlenwäsche gemacht – und konnten dann die Kohle einfach abschöpfen. Auf der nächsten Etage wurde die Kohle dann über verschiedene Siebe nach Größe und Qualität sortiert.

Das Prinzip ist also ganz leicht: Oben warf man alles rein, und unten kam die Kohle schön sortiert wieder raus. Das ist übrigens der Grund, warum du das Ruhr Museum in der Kohlenwäsche heute von oben nach unten besichtigst: Du folgst dem Weg der Kohle.

EXPERIMENT

2

Deutsches Bergbau-Museum Bochum, oder:
WO LIEGT EIGENTLICH UNTER TAGE?

Wenn du im Ruhrgebiet unterwegs bist, stolperst du früher oder später immer wieder über einen Begriff: unter Tage. Aber wo liegt das eigentlich? Und wichtiger noch: Wie kommst du da hin? Fragen wie diese beantwortet das Bergbau-Museum Bochum – und zwar 20 Meter tief unter der Erde.

Genau, unter Tage bedeutet: unter der Erde. Eben dort, wo es nie Tag wird, sondern immer dunkel ist. Dunkel und heiß und staubig. Dort war und ist der Arbeitsplatz der Bergleute, die nach Erzen oder Kohle graben. Längst nicht mehr mit einer Hacke, sondern mittlerweile mit hochmodernen Geräten. Welche das sind, wie sich die Arbeitsmethoden im Laufe der Jahrhunderte verändert haben und was man mit so tollen Dingen wie einem Bohrhammer oder einem Doppelwalzenlader macht, das alles wird im Anschauungsbergwerk des Museums erklärt. Und zwar genau dort, wo diese Geräte im Einsatz waren: unter der Erde. Die Bezeichnung Anschauungsbergwerk verrät uns dabei noch etwas anderes: Tatsächlich gearbeitet wurde hier nie. Alles ist nachgebaut – und trotzdem ganz so wie in einem echten Bergwerk. Originalgetreu, sagt man.

Teil dieses Konzepts ist auch der Seilfahrtsimulator, in dem du erleben kannst, wie ein Bergmann an seinen Ar-

DEUTSCHES BERGBAU-MUSEUM BOCHUM
AM BERGBAUMUSEUM 28
44791 BOCHUM
TEL. (02 34) 5 87 70

WWW.BERGBAUMUSEUM.DE

Ab 2017 wird die Dauerausstellung umfangreich umgebaut. Anschauungsbergwerk und Fördergerüst bleiben aber weiterhin geöffnet.

beitsplatz unter Tage kommt. Wichtig: Ein echter Bergmann fährt eigentlich immer, auch wenn er läuft. Wenn seine Schicht losgeht, fährt er an. Hört sie auf, fährt er ab. Und all das macht er im Förderkorb, einer Art Aufzug, der an einem Seil im Schacht hängt und von der Fördermaschine auf und ab bewegt wird. Und eine solche Seilfahrt ist viel spannender als eine Aufzugsfahrt in den Keller, da geht es ganz schön fix nach unten.

Alles ist originalge-treu nach-gebaut !

Das Unten ist geklärt. Riskieren wir also schnell noch einen Blick nach oben auf das grüne Fördergerüst. Das ist zwar echt, stammt aber von der Dortmunder Schachtanlage Germania. 1973 wurde es in Einzelteilen nach Bochum gebracht und dort wieder aufgebaut; inklusive Besucherplattform in rund 60 Metern Höhe. Von da kann man zwar nicht unter Tage gucken, aber richtig weit sehen.

3

Kindermuseum Adlerturm Dortmund, oder:
HAST DU DAS ZEUG ZUM RITTER?

Mitten in Dortmund, in unmittelbarer Nähe des Ostwalls, steht ein weißer Turm. Wenn du ihn besuchst, triffst du auf Wächter und Burgfräulein, auf einen Heiligen und einen Bürgermeister – und steckst auf einmal mittendrin, im Mittelalter. Und die wichtigste Frage lautet dann: Wie wird man eigentlich Ritter?

Keine Frage: Ein richtiger Ritter braucht vor allem eine richtige Rüstung, mit Helm, Schild und allem Drum und Dran. Kein Problem: Im Kindermuseum *Adlerturm,* einer Außenstelle des Dortmunder Museums für Kunst und Kulturgeschichte, geht es nicht darum, sich all das nur in Schaukästen anzusehen. Hier kannst du vieles aus- und anprobieren. Das gilt für Rüstungen, aber auch für die normale Alltagskleidung der Menschen im Mittelalter, die mit Jeans und T-Shirt nicht wirklich was am Hut hatten.

Schritt für Schritt, mit jeder Menge Spaß und manchmal sogar in Begleitung historischer Figuren – wie Agnes von der Vierbecke, dem Heiligen Reinoldus oder Bürgermeister Hermann Klepping – geht es für dich im *Adlerturm* einmal quer durch die Dortmunder Stadtgeschichte. Oder besser: durch die mittelalterliche Geschichte der Freien Reichs- und Hansestadt Dortmund. Im Turm werden Geschichten und

Info

KINDERMUSEUM ADLERTURM
Günter-Samtlebe-Platz 2
44135 Dortmund
Tel. (02 31) 5 02 60 31
www.adlerturm.dortmund.de

Sagen erzählt, gibt es Hör- und Riechstationen, und wenn du willst, kannst du dich am Nachbau eines mittelalterlichen Laufradkrans versuchen. Was das ist? Eine ziemlich alte und ziemlich anstrengende Methode, schwere Lasten anzuheben. Und aufgepasst: Auf Wunsch kannst du im Adlerturm sogar eine Ausbildung zum Ritter absolvieren, inklusive Armbrustschießen, Ritterturnier und der Herstellung eines eigenen Wappenschilds. Schließlich braucht so ein Turm auch starke und mutige Jungen und Mädchen, die ihn verteidigen.

Da macht es dann auch nichts, dass der Adlerturm, so wie er heute am Ostwall steht, gar nicht aus dem Mittelalter stammt. Architekten haben nämlich den ehemaligen Wachturm, den die Menschen im 14. Jahrhundert an die Dortmunder Stadtmauer angebaut haben, erst 1992 nach uralten Vorlagen aufwendig nachgebaut. Er ist also gerade mal 25 Jahre alt.

Unterwegs mit dem Bürgermeister !

4

Museum Folkwang Essen, oder: KÖNNEN BILDER SPRECHEN?

Ein berühmter Mann hat einmal gesagt, das Museum Folkwang in Essen sei „das schönste Museum der Welt". Das ist ein großes Kompliment, zumal der berühmte Mann Chef eines anderen sehr berühmten Museums war. Noch schöner als das Gebäude aber sind die Bilder und Kunstwerke, die in diesem Museum zu finden sind.

Viele dieser Gemälde stammen von weltbekannten Künstlern mit Namen wie Gauguin oder Marc. Aber nur, weil viele Menschen diese Maler kennen, heißt das nicht, dass jeder auch versteht, was auf den Bildern zu sehen ist. Und warum sie so gemalt wurden und nicht anders. Warum zum Beispiel sind die Farben ganz anders als im echten Leben? Und warum findest du ein Bild schön und deine Freunde nicht? Antworten auf diese und viele andere Fragen gibt das Museum Folkwang so, dass auch Kinder verstehen, was gemeint ist. Zum Beispiel am *Bildschönen Samstag*. Das Prinzip dieses Workshops ist ganz einfach: Gemeinsam mit anderen Kindern schaust du dir die berühmten Kunstwerke an – und zeichnest oder modellierst sie dann nach. Vielleicht auf ganz ähnliche Weise wie der Künstler oder die Künstlerin. Vielleicht malst du das Bild aber auch komplett in deiner Lieblingsfarbe. Wie wäre es zum Beispiel mit Mausorange?

Info

MUSEUM FOLKWANG
Museumsplatz 1
45128 Essen
Tel. (02 01) 8 84 50 00
www.museum-folkwang.de

Spannend kann es aber auch sein, sich einfach über das, was da an der Wand hängt, zu unterhalten. *Kinder sprechen über Kunst* nennt das Museum Folkwang dieses Angebot. Und genau das passiert auch: Alle erzählen sich ihre ganz eigenen Ideen, warum ein Künstler sein Bild so und nicht anders gemalt hat. Sie interpretieren das Bild, was eigentlich nichts anderes bedeutet, als dass sie sich eine Frage stellen: Was will uns dieses Bild sagen? Warum wirkt das Mädchen, das ein Mann namens Max Pechstein gemalt hat, glücklich, und warum sieht das Mädchen bei Erich Heckel eher müde aus? Und das Schöne ist: Keine Meinung ist richtig oder falsch. Du erfährst einfach, was die anderen Kinder gerade denken und fühlen. Und genau das ist es doch, was der Künstler uns meist sagen will: Dass wir darauf achten, was um uns herum passiert und welche Meinung andere Menschen haben.

Ein Bild in Maus-orange

5

Ein Schiff gehört aufs Wasser. Wohin auch sonst? In Duisburg hat man 1998 jede Menge Schiffe in ein altes, leeres Hallenbad gepackt. Das klingt jetzt ein bisschen seltsam, ergibt aber zusammengenommen das größte Museum zur Geschichte der Binnenschifffahrt in Deutschland.

Binnen – das bedeutet im Inneren des Landes. Ein Binnenschiff fährt nicht auf dem Meer, ein Binnenhafen liegt nicht am Meer. Beide sind auf Flüsse und Kanäle angewiesen. Duisburg liegt passenderweise am Rhein und hat den größten Binnenhafen der Welt, in dem tausende Warencontainer auf Züge oder Lkw verteilt werden. Da passt es gut, dass das größte Museum zur Binnenschifffahrt gleich an der nächsten Ecke zu finden ist: im alten Hallenbad des Stadtteils Ruhrort. Eines der imposantesten Ausstellungsstücke ist ein Lastensegler, ein Segelboot von 1913. Der wurde unter vollen Segeln, aber ohne Wasser, in der Herren-Schwimmhalle untergebracht. Und in der leeren Damen-Schwimmhalle – früher badeten Männer und Frauen getrennt – kannst du den Nachbau eines Binnenschiffs sehen, der dir sehr schnell klarmacht, wie wenig Platz eine ganze Familie auf so einem Transportschiff voller Waren hatte. Stell dir einfach vor, du würdest mit deinen Eltern und Geschwistern nur im Wohn-

Info

MUSEUM DER DEUTSCHEN BINNENSCHIFFFAHRT
Apostelstraße 84

47119 Duisburg
Tel. (02 03) 8 08 89 40
www.binnenschifffahrtsmuseum.de

zimmer leben – und alle anderen Zimmer sind voller Klamotten, die eigentlich jemand anderem gehören.

Ein paar Museumsschiffe liegen tatsächlich auch noch im Wasser, draußen im richtigen Hafen. Das vielleicht ungewöhnlichste Ausstellungsstück ist der Eimerkettendampfbagger Minden, der bis 1979 die Fahrrinne der Weser ausgebaggert hat, damit der Fluss auch für große Schiffe tief genug war. Per Dampfantrieb wurde gleich eine ganze Kette mit Eimern in Bewegung gesetzt, die unter Wasser den Boden aushuben. Eine tolle Leistung. Mehr konnte der Bagger dann aber doch nicht. Zu seinem Einsatzort musste er von einem anderen Kahn geschleppt werden. Was die Minden offiziell zu einem schwimmenden Gerät macht – und nicht zu einem Schiff. Aber das stört eigentlich niemanden.

Schiffe
ohne
Wasser

6

LWL-Freilichtmuseum Hagen, oder: WIE MACHT MAN EIGENTLICH PAPIER?

Im Mäckingerbachtal in Hagen stehen nicht nur besonders viele Fachwerkhäuser. Nein, hier ist auch immer was los. Hier wird geschnitzt, geschmiedet, gebacken, gedruckt und geimkert. Tatsächlich passiert hier noch viel mehr, und der Grund dafür ist einfach: Das ganze Tal ist ein Museum, in dem es viel für dich zu tun gibt.

Ein Museum braucht nicht immer ein Dach über dem Kopf. Ein Freilichtmuseum liegt draußen, die etwas seltsame Bezeichnung sagt es bereits. Und draußen im Mäckingerbachtal kannst du durch 200 Jahre Handwerks- und Technikgeschichte wandern – und dabei mehr als nur einen Blick in über 50 Werkstätten und Ausstellungen riskieren. Wenn du schon immer wissen wolltest, wie Nägel geschmiedet werden, wie laut ein Sensenhammer ist und was *Seile schlagen* bedeutet, solltest du dich auf den Weg machen. Und unbedingt viel Zeit einplanen. Zum Beispiel für die Station 24: die Papiermühle.

In dieser Mühle wird nicht etwa Papier zu kleinen Fetzen zermahlen. Nein, in einer Papiermühle werden jene Rohstoffe zerkleinert und mit Wasser verrührt, aus denen Papier gemacht wird: Pflanzenfasern, also Zellstoff, oder Lumpen, also alter Stoff. Hadern nennt der Fachmann diese Lumpen, und Hadernpapier ist tatsächlich sehr gutes Papier. Es kann

Info

LWL-FREILICHTMUSEUM HAGEN
Westfälisches Landesmuseum für Handwerk und Technik

Mäckingerbach
58091 Hagen
Tel. (0 23 31) 7 80 70
www.lwl-freilichtmuseum-hagen.de

Jahrhunderte alt werden, ohne sich aufzulösen. Das lohnt, wenn du etwas Wichtiges aufschreiben möchtest. Aber dazu muss das Papier erst einmal fertig werden. Wie das geht, erfährst du im Museum. Mit einem Sieb schöpfst du dann eine Schicht aus dem matschigen Faserbrei – es heißt deshalb auch Papierschöpfen – und lässt das Ganze trocknen. Dann musst du die Masse noch pressen und glätten, und fertig ist die erste Seite Papier. Die erste. Handgeschöpftes Papier braucht also Zeit. Und deshalb wird Papier heute meist vollautomatisch produziert. Das geht zwar schneller, aber die Arbeit mit dem Faserbrei macht nun einmal richtig viel Spaß.

Papier aus Pflanzen und Lumpen !

Große Männer, große Frauen, oder: WER LEBTE HIER DENN FRÜHER?

Wusstest du, dass Torhüter Manuel Neuer in Gelsenkirchen geboren wurde? Und Cornelia Funke, die *Tintenherz* und die *Wilden Hühner* erfunden hat, in Dorsten? Sie alle sind große Persönlichkeiten, Stars aus dem Ruhrgebiet. Und sie sind nicht die einzigen.

Auch früher schon lebten im Ruhrgebiet Menschen, deren Arbeit so wichtig oder deren Ideen so ungewöhnlich waren, dass wir ihre Namen noch heute kennen. Nach ihnen hat man Schulen benannt, Straßen oder Plätze. So gibt es in Duisburg und Essen eine Kruppstraße und den Stinnes-Platz in Mülheim. Aber wer waren diese Menschen? In einer Industrieregion wie dem Ruhrgebiet erinnert man sich heute vor allem an die Leute, denen die Region die großen Fabriken verdankt. Man nennt sie Industrielle. Von Alfred Krupp zum Beispiel kannst du auch in diesem Buch lesen. Nicht weniger wichtig für das Ruhrgebiet waren aber auch August Thyssen oder Hugo Stinnes, die Eisen und Stahl produziert und damit gehandelt haben. In vielen Museen der Region, wie im Ruhr Museum in Essen, wird erzählt, was genau sie gemacht haben und wer sie waren.

Doch im Ruhrgebiet lebten nicht nur wichtige Industrielle, sondern auch große Forscher. Einer von ihnen war der Kartograf Gerhard Mercator, der 1552 von Flandern nach Duisburg zog und hier auch später beerdigt wurde. Er war der

www.ruhrmuseum.de
www.mercator-museum.net
www.domschatz-essen.de

Erste, der einen Globus entwickelte, auf dem der Magnetpol und Kompasslinien eingetragen waren. Und er zeichnete sogar eine Weltkarte, die erstmals sicheres Navigieren über das Meer möglich machte. Seine Forschungen waren so wichtig, dass das Kultur- und Stadthistorische Museum in Duisburg heute eine eigene Mercator-Schatzkammer hat.

Aber waren denn nur Männer wichtig im Ruhrgebiet? Oft, aber nicht immer. Schon lange vor Mercator und Krupp gab es im heutigen Essen eine mächtige religiöse Gemeinschaft von Frauen. Dieses Frauenstift, so die richtige Bezeichnung, war so reich, dass es große Bauwerke in der Region und kostbare Kunstwerke in Auftrag geben konnte, von denen viele noch heute in der Schatzkammer der Essener Münsterkirche zu sehen sind. Darunter auch die Goldene Madonna, eine aus Holz gefertigte Figur, die komplett mit Gold überzogen ist und Maria darstellen soll. Diese Figur ist so außergewöhnlich, dass Menschen aus der ganzen Welt sie kennen.

Eine Karte fürs sichere Navigieren

7

Zeche Knirps auf der Zeche Hannover Bochum, oder: WAS BEDEUTET EIGENTLICH MALOCHEN?

Die Zeche Knirps ist das, was ihr Name vermuten lässt: klein. Anders als ihr Vorbild gleich nebenan: die Zeche Hannover. In beiden kannst du Aufregendes erleben, vor allem weil sich die kleine Zeche einiges von der großen abgeguckt hat: eine Förderanlage, einen Stollen und eine Lorenhängebahn. Hier kannst du mal richtig malochen.

Malochen sagen die Leute im Ruhrgebiet, wenn sie *arbeiten* meinen. Und zwar richtig hartes Arbeiten, wie es früher zum Beispiel auf der Zeche Hannover üblich war. 750 Meter tief war der Schacht, in den die Bergleute damals hinuntermussten. Tag für Tag. Bis die Zeche 1973 schloss. Beide Zechen, Knirps und Hannover, sehen übrigens ein bisschen aus wie Burgen, was daran liegt, dass sie kein typisches Fördergerüst aus Stahl haben, sondern jeweils einen viereckigen Turm. Der Turm der großen Zeche wurde aus Ziegeln errichtet. Der kleine ist aus Holz. Malakow-Turm heißt ein solches Bauwerk, und in ihm ist die Fördermaschine der Zeche untergebracht. Mit ihrer Hilfe haben die Bergleute die Kohle aus der Erde geholt. Erst später, als im Ruhrgebiet genügend Stahl hergestellt wurde, ließen die Zechenbesitzer statt dieser Türme stählerne Fördergerüste errichten.

Dass sich beide Zechen so ähnlich sehen, hat natürlich einen Grund: Die Zeche Knirps ist eine Zeche nur für Kinder.

Info

LWL-INDUSTRIEMUSEUM
Zeche Hannover
Günnigfelder Straße 251

44793 Bochum
Tel. (02 34) 6 10 08 74
www.lwl-industriemuseum.de

Hier kannst du selbst ausprobieren, welche Aufgaben die Bergleute im echten Leben auf der Zeche Hannover hatten. Du entdeckst, wie die Kohle aufs Förderband kommt, was eine Lore ist und wie schwer es sein kann, einen solchen Transportwagen zu ziehen. Oder dass sich Fördermaschinist und Hauer miteinander verständigen müssen, was gar nicht so leicht ist, weil der eine über der Erde die Fördermaschine bedient und der andere unter der Erde die Kohle abbaut. All das erfährst du nicht etwa durch Zuschauen, sondern indem du selbst zum Bergmann – oder zur Bergfrau – wirst und kräftig mit anpackst. Gefördert wird zwar keine Kohle, sondern Kies, aber die Aufgaben sind haargenau dieselben wie früher. Und das Beste: Du bekommst sogar einen Gruben-helm und ein gestreiftes Grubenhemd geliehen, damit du genauso aussiehst wie die Bergleute von früher.

Kies statt Kohle **!**

8

LWL-Industriemuseum Henrichshütte Hattingen, oder: WAS MACHT EINE BLAUE RATTE IM HÜTTENWERK?

Ruhrgebiet: Die meisten Menschen denken dabei sofort an Kohle und an Bergbau. Doch gibt es noch etwas anderes, für das diese Region auf der ganzen Welt bekannt ist: Eisen und Stahl. Richtig viel berichten kann dir darüber das kleine, blaue Museumsmaskottchen der Henrichshütte Hattingen.

Klar ist in einem Buch mit der Maus auch Platz für eine blaue Ratte. Schließlich kennt sich die Ratte bestens aus im LWL-Industriemuseum Henrichshütte. Und da kann man dann schon mal eine Ausnahme machen. Also: Was ist das für eine seltsame Hütte, liebe Ratte?

Platz für 10.000 Arbeiter

Zunächst einmal ist die „Hütte" kein kleines Häuschen, sondern ein Hüttenwerk mit großen Hochöfen und Gießhallen, in denen über 150 Jahre lang – bis 1987 – Eisen geschmolzen und Stahl produziert wurde. Hier wurde gegossen, gewalzt, geschmiedet und auch richtig Dreck gemacht. Tatsächlich ist das Gelände so groß, dass dort 10.000 Menschen gleichzeitig arbeiten konnten. Auf einen normal großen Schulhof passen so viele Leute nicht. Zumindest nicht alle zur gleichen Zeit.

Heute sind in der Henrichshütte keine Arbeiter mehr unterwegs, sondern Kinder und Erwachsene, die sich auf den *Weg des Eisens* wagen. Das ist ein Museumspfad, der genau erklärt, was in Hattingen mit dem Eisenerz aus dem Boden passierte: Es kam in den Ofen. Allerdings bei etwas anderen Temperaturen als ein Marmorkuchen, nämlich bei sehr

heißen 1400 °C. Das Ergebnis: glühendes Roheisen, das zu Stahl verarbeitet werden konnte. Den Stahl wiederum hat das Hüttenwerk für sehr viel Geld verkauft. Genutzt wurde er dann für Schiffsschrauben, Panzer, Autos und auch für Raketen.

Eine ganz heiße Sache

Das alles ist ziemlich spannend, allerdings manchmal auch ein bisschen kompliziert. Deshalb müssen bestimmte Worte und Begriffe auf Schautafeln, in Filmen und durch Fotos erklärt werden: *Erztasche* zum Beispiel oder *Gebläsehalle* und *Eisen abstechen.* Auch die Aufgaben des Schlackenmanns werden erklärt – schließlich musste es in einem großen Hüttenwerk immer jemanden geben, der alles wieder aufräumt. Richtig heiß wird es in der Schaugießerei, wo dir gezeigt wird, wie anstrengend und auch wie gefährlich die Arbeit in einem Hüttenwerk und an einem Hochofen war. Übrigens: Der Hochofen der Henrichshütte ist der älteste noch erhaltene Hochofen seiner Art im ganzen Ruhrgebiet. Das ist schon eine tolle Sache.

Und damit auch Kinder genau verstehen, was in so einen Hochofen rein- und wieder rausgekommen ist, hat sich das blaue Museumsmaskottchen einen ganz eigenen Pfad durch das Hüttenwerk gebuddelt: den *Weg der Ratte.* Gespickt mit vielen Mitmachstationen und spannenden Modellen führt dich dieser Weg in Nischen und Röhren und zuletzt sogar an einen Computer, wo im Spiel *Ratte am Hochofen* mal eben locker abgefragt wird, was zuvor alles erklärt wurde.

Ratte am Hochofen !

Info

LWL-INDUSTRIEMUSEUM
Henrichshütte Hattingen
Werksstraße 31–33

45527 Hattingen
Tel. (0 23 24) 9 24 71 40
www.lwl-industriemuseum.de

Von der blauen Ratte ist es übrigens gar nicht weit bis zu einem Roten Riesen. Mehr als einem sogar. Was das ist? Da fragst du am besten die Feuerwehr. Die durfte und darf dort nicht fehlen, wo mit Feuer und bei sehr hohen Temperaturen gearbeitet wird. Deshalb hatte beinahe jedes Werk, jede Zeche und jede Hütte im Ruhrgebiet ihre eigene Werksfeuerwehr – und ihre *Roten Riesen*.

Gemeint sind die Feuerwehrautos. Und von denen präsentiert das Museum Feuer.Wehrk in einer der ehemaligen Industriehallen der Henrichshütte allein über 50 Stück. Dazu vieles Weitere, was ein Feuerwehrmann für seine Arbeit benötigt – uralt oder hochmodern: Feuermelder, Pulverlöscher, Leitern und Hydranten zum Beispiel. Hier bildest du mit deiner Familie Eimerketten und rollst Schläuche ein, übst dich im schnellen Anziehen der Schutzkleidung oder absolvierst eine Ausbildung zum „kleinen Feuerwehrmann" oder zur „kleinen Feuerwehrfrau". Und ja: Hier gibt es auch *Tatütata*.

Der einzige Haken sind die Öffnungszeiten. Da das Museum von einem kleinen Verein betrieben wird, müssen Besucher entweder ihre eigene Führung buchen, gucken, ob spontan geöffnet ist – oder sich von Mai bis Oktober am ersten Sonntag des Monats zu einer *Lunte* aufmachen, einem Besuchertag ohne Anmeldung.

www.feuerimrevier.de

ENTDECKUNG

9

LWL-Römermuseum Haltern, oder:

WIE VIEL MUSSTE EIN RÖMISCHER LEGIONÄR SCHLEPPEN?

Römer in Germanien: Das klingt nach Feldzügen und Eroberern, nach Schlachtplänen und nach wichtigen Staatsmännern – und gar nicht nach langen Fußmärschen, schwerem Gepäck und Blasen an den Füßen. Dass alles davon stimmt, erfährst du im LWL-Römermuseum in Haltern, wo manchmal noch marschiert wird wie damals.

In der Zeit um Christi Geburt planten die Römer vom Ufer des Flusses Lippe aus die Eroberung aller Gebiete rechts des Rheins. Das ist lange her. Mehr als 2000 Jahre. Doch noch immer finden Archäologen Überreste aus dieser Zeit. Und deshalb wissen wir zum Beispiel, dass die Römer hervorragende Handwerker und Baumeister waren. Und wir wissen, dass ein einfacher Soldat, ein Legionär, zu Fuß damals knapp 40 Kilogramm Gepäck mit sich herumschleppen musste. Töpfe, Proviant, Feldflasche und Ersatzklamotten, dazu seine Waffen – Schwert oder Speer – und seine Rüstung. Und all das steckte nicht etwa in einem trendigen Rucksack, sondern wurde am Körper und in einem Bündel an einer Holzstange transportiert. Wer das nicht glaubt, kann es ausprobieren: Im LWL-Römermuseum in Haltern können Besucher für eine Weile mit einer solchen Legionärsausrüstung durchs Museum marschieren. Wie das so ist? Stell dir einfach vor, du müsstest ungefähr acht randvolle Schultaschen gleichzei-

LWL-RÖMERMUSEUM
Weseler Straße 100
45721 Haltern am See

Tel. (0 23 64) 9 37 60
www.lwl-roemermuseum-
haltern.de

tig tragen. Das Museum befindet sich übrigens nicht aus Zufall genau an dieser Stelle: Vor 2000 Jahren stand dort eines der wichtigsten Militärlager der Römer. Bis zu 5000 Soldaten waren hier stationiert, darunter eines der erfolgreichsten römischen Heere überhaupt: die 19. Legion, damals so berühmt wie heute der BVB und Schalke 04 zusammen.

So berühmt
wie der
BVB und
Schalke 04

Und es gibt noch viel mehr zu entdecken. Bei einem Rundgang mit dem Centurio Marcus Caelius zum Beispiel, der dir alles über römische Bestattungsriten und die Gräberstraße von Haltern erzählen kann. Vielleicht möchtest du aber auch bei den archäologischen Ausgrabungen helfen und selbst alte Fundstücke freilegen. Oder du lässt dich bei einem Kochkurs von dem überraschen, was die Legionäre damals gegessen haben. Schließlich haben sie all die Töpfe ja nicht zum Spaß mitgenommen.

10 Eisenbahnmuseum Bochum, oder: WAS IST EIN TUNNELIGEL?

Ein lauter Pfiff ertönt, schwarzer Rauch steigt in die Luft, und dann fährt auch schon der Zug ein. Im Eisenbahnmuseum Bochum kannst du dir nicht nur alte Dampflokomotiven und Eisenbahnwaggons angucken. Du kannst auch einsteigen, darin herumlaufen – und manchmal darfst du sogar vorne in der Lok mitfahren.

Weißt du schon, was du später mal werden willst? Busfahrer vielleicht? Oder Polizistin? Viele Kinder wären gerne Lokomotivführer auf einer alten Dampflok und würden für ihr Leben gerne vorne im Führerstand stehen, während es rundherum zischt und der Boden unter ihren Füßen vibriert. Und genau das kann man im Ruhrgebiet erleben.

Nächster Halt: das Eisenbahnmuseum Bochum mit seinen 120 Schienenfahrzeugen. Doch nicht nur die kannst du entdecken: Hier gibt es auch alte Fahrkartenautomaten, einen alten Museumsbahnsteig, viele Fotos, Schautafeln und Fahrzeuge, die nicht nur ein bisschen seltsam aussehen, sondern auch ziemlich seltsame Namen haben: Handhebeldraisine zum Beispiel. Wie der Name schon sagt, ist das ein kleiner Wagen mit einem großen Hebel. Acht Leute können gleichzeitig mitfahren, müssen dafür allerdings auch richtig arbeiten: Denn die Draisine fährt nur dann, wenn vier Leute den Hebel immer schön gleichmäßig rauf und runter bewegen. Da ist echte Muskelkraft gefragt. Viel gemütlicher ist es dagegen, wenn du dich in einen Waggon setzt, der von einer Lokomotive gezogen wird, und dir vom Schaffner allerhand Geschichten rund um die Eisenbahn erzählen lässt. Das macht der nämlich gerne.

Antrieb: Muskelkraft !

Im Sommer ist Kindertag

Zweimal im Jahr, immer im Sommer, ist übrigens Kindertag im Eisenbahnmuseum. Dann kannst du alle Fragen stellen, die dir zum Thema Eisenbahn einfallen: Wie funktioniert so eine Dampflok? Was wird da verbrannt? Wie schnell kann sie fahren? Und: Du darfst Zug fahren – und zwar nicht nur in einem Waggon, sondern gleich vorne in der Lok. Na gut, du kannst nicht einfach mal so einen ganzen Zug steuern. Aber bei einer solchen Führerstandsmitfahrt direkt neben dem Lokführer stehen und jeden Handgriff mitbekommen. Und du kannst sogar dem Heizer dabei zugucken, wie er mächtig ins Schwitzen gerät, weil er ständig Kohle ins Feuer schaufeln muss. Vielleicht darfst du sogar selbst mal schaufeln.

Sind das etwa Tiere?

Kehren wir aber noch einmal zu den seltsamen Namen zurück. Kannst du dir unter einem Schweineschnäuzchen etwas vorstellen? Oder unter einem Tunneligel? Nicht? Dann wird es wirklich Zeit fürs Eisenbahnmuseum. Denn hier geht es nicht um Tiere, sondern tatsächlich um Schienen-

fahrzeuge. Das Schweineschnäuzchen zum Beispiel ist gar kein richtiger Zug, sondern ein Bus, der auf Schienen fährt und zumindest von vorne genauso aussieht, wie er heißt. Er wurde 1936 gebaut, ist also schon über 80 Jahre alt und fährt trotzdem noch an allen Sonn- und Feiertagen zwischen dem Eisenbahnmuseum und dem S-Bahnhof Bochum-Dahlhausen hin und her.

Und dann ist da noch der Tunneligel. Ja, das ist wirklich ein Zug. Allerdings einer, der nicht gebaut wurde, um Menschen zu transportieren, sondern um den Zustand von Tunneln zu überprüfen. Schließlich ist es wichtig zu wissen, ob ein Tunnel noch in Ordnung ist, bevor ein Zug durchfährt. In einem Tunnel jedoch ist es dunkel, da sieht man nicht wirklich viel. Deshalb hat dieser Tunnelmesswagen – so heißt der Tunneligel in der Fachsprache – vorne Messinstrumente, mit denen er einen Tunnel untersuchen kann. Und wenn diese Messinstrumente ausgefahren werden, dann sehen sie tatsächlich so aus wie die Stacheln eines Igels.

Auf der Lok unterwegs !

Info

**EISENBAHNMUSEUM
BOCHUM-DAHLHAUSEN**
Dr.-C.-Otto-Straße 191

44879 Bochum
Tel. (02 34) 49 25 16
www.eisenbahnmuseum-bochum.de

Ein besonderer Höhepunkt bei Veranstaltungen im Eisenbahnmuseum Bochum ist das Drehscheiben-Karussell. Aber was ist das eigentlich? Und wozu braucht man eine Drehscheibe? Nehmen wir mal an, es kommt eine Lokomotive angefahren, und wir wollen, dass sie in die andere Richtung fährt. Das ist nicht so einfach wie bei einem Auto, denn der Zug kann ja nicht einfach die Schienen verlassen, um zu wenden. Deshalb gibt es diese große Scheibe mit einem Durchmesser von 20 Metern, die auf den Schienen montiert ist. Der Zug fährt drauf, die Scheibe dreht sich, die Lokomotive auch und kann dann in entgegengesetzter Richtung weiterfahren.

Wobei sich die Frage stellt: Müssen Waggons immer gezogen werden? Lassen sie sich nicht auch schieben? Dafür müsste man doch nur den Rückwärtsgang einlegen und könnte sich die Drehscheibe sparen. Das kannst du mit einer Holz- oder Modelleisenbahn ganz gut selbst ausprobieren. Nehmen wir mal an, ein Waggon entgleist. Wenn die Lok den Waggon immer weiterschiebt, gibt es gleich ein großes Chaos: Der ganze Zug knickt ein, und alles staut sich. Bei niedriger Geschwindigkeit ist das noch kein Problem. Bei hoher Geschwindigkeit ist es aber sicherer, wenn ein Waggon gezogen wird.

Bei modernen Zügen ist das übrigens nicht mehr notwendig, denn die sind so gebaut, dass sie in beide Richtungen fahren können. Wie das? Nun, es gibt zwei Triebwagen, an jedem Zugende einen. Der Zugführer muss also nur am anderen Ende einsteigen und kann in der anderen Richtung weiterfahren. Heute benutzt man eine Drehscheibe deshalb nur noch für alte Dampflokomotiven im Museum. Schau es dir doch einfach mal an.

ENTDECKUNG

11

Schiffshebewerk Henrichenburg Waltrop, oder:
WIE KOMMT EIN SCHIFF DIE TREPPE RUNTER?

Eisenerz, Kohle und Stahl. Im Ruhrgebiet wurde davon früher so viel produziert, dass die Menschen einiges davon in andere Städte verkauft haben. Tonnenschwere Ladungen, die oft über weite Strecken transportiert werden mussten. Und damit das funktionierte, mussten sich Erfinder manchmal etwas einfallen lassen. Einen Aufzug für Schiffe zum Beispiel.

Wenn du etwas verschicken möchtest, dann packst du es in ein Paket und bringst es zur Post. Die Stahl- und Kohlehändler von früher hatten diese Möglichkeit nicht. Sie mussten so große Mengen versenden, dass sie ganze Eisenbahnwaggons füllten oder voll beladene Schiffe über die Ruhr und den Rhein auf die Reise schickten. Doch nicht überall, wo sie einen Fluss gebraucht hätten, gab es auch einen. Eine Lösung war schnell gefunden: Die Leute bauten künstliche Kanäle. Im Ruhrgebiet gibt es davon heute vier: den Rhein-Herne-Kanal, den Wesel-Datteln-Kanal, den Datteln-Hamm-Kanal und den Dortmund-Ems-Kanal. Alle vier Kanäle treffen in der Stadt Datteln aufeinander. Dieser Kanal-Treffpunkt, der größte in Europa, hat sogar einen Namen: das Dattelner Meer.

Ganz schön schräg

Wie bei einer richtigen Straße geht es auch auf einem Kanal bergauf und bergab. Vor allem der Dortmund-Ems-Kanal, der über 265 Kilometer bis zum Fluss Ems und zur Nordsee bei Emden führt, muss ein ziemlich starkes Gefälle bewältigen. Tatsächlich liegt die Stadt Emden 70 Meter tiefer als

Dortmund. Eigentlich müsste der Kanal also schräg nach unten verlaufen. Theoretisch. Praktisch funktioniert das nicht. Denn ein künstlicher Kanal hat – anders als ein Fluss – keine Quelle, die automatisch neues Wasser liefert. Man müsste also in Dortmund ständig Wasser nachgießen, damit der schräge Kanal nicht irgendwann leerläuft. Um das zu vermeiden, haben die Konstrukteure insgesamt 20 Treppen in den Dortmund-Ems-Kanal eingebaut, an denen sich das Wasser sammelt. Stück für Stück geht es so nach unten. Aber: Wie kommt ein Schiff eine solche Treppe runter?

Fahrstuhl für Schiffe

Das klappt über eine Schleuse. Das ist eine geschlossene Kammer, aus der immer genau so viel Wasser abgepumpt wird, wie notwendig ist, um das Schiff absteigen zu lassen. Richtig spannend wird das, wenn der Höhenunterschied

Das Schiff wiegt 800 Tonnen!

37

zwischen den Ebenen besonders groß ist. Sagen wir mal: 14 Meter. Allerdings wiegt das Schiff etwa 800 Tonnen – so viel wie 160 ausgewachsene Elefanten. Oder 400 Autos. Keine leichte Sache.

Und dennoch haben die schlauen Erfinder auch hierfür eine Lösung gefunden: das Schiffshebewerk Henrichenburg in Waltrop. Hier, mitten auf dem Dortmund-Ems-Kanal, müssen tatsächlich auch heute noch tonnenschwere Frachtkähne den gewaltigen Höhenunterschied von 14 Metern überwinden – eigentlich eine Aufgabe für mehrere Schleusen. Durch einen Trick reichte aber bereits im Jahr 1899 ein einziges Hebewerk. An einem Modell in der Kinderausstellung des heutigen Museums kannst du dir ganz genau anschauen, wie dieses Hebewerk funktioniert hat. Das Besondere daran: eine große Wanne voller Wasser. Die wurde mitsamt Schiff angehoben oder abgesenkt, je nachdem, in welche Richtung man wollte, Treppe rauf oder runter. Dazu haben die Erfinder die Wanne auf schwimmende Säulen gestellt. Kippte man jetzt Wasser nach, stiegen diese Säulen nach oben und hoben die Wanne an; ließ man Wasser ab, sanken die Säulen und damit auch die Wanne samt Schiff nach unten. Das war damals eine so tolle Sache, dass zur Einweihung sogar Kaiser Wilhelm II. kam.

Irgendwann jedoch war das alte Schiffshebewerk nicht mehr fortschrittlich genug und wurde durch moderne Varianten ersetzt. Seit 1969 steht es still. Heute erzählt es als LWL-Industriemuseum von der Vergangenheit der Binnenschifffahrt. Und wenn sich schon ein ganzes Museum um das Thema Wasser dreht, darf natürlich auch ein Wasserspielplatz nicht fehlen. Hier kannst du dich wie Tarzan am Seil über das Wasser schwingen oder selbst ein Floß steuern – wie eine echte Kapitänin oder ein echter Kapitän.

Eine Wanne voller Wasser !

Info

LWL-INDUSTRIEMUSEUM
Schiffshebewerk Henrichenburg
Am Hebewerk 26
45731 Waltrop

Tel. (0 23 63) 9 70 70
www.lwl.org/industriemuseum/
standorte/schiffshebewerk-
henrichenburg

So ein Frachtschiff ist tonnenschwer und geht trotzdem nicht unter. Warum nicht?

Um das herauszufinden, roll doch einfach mal eine Stange Knete zu einem Ball zusammen. Den Ball wirfst du jetzt in eine volle Badewanne. Keine Frage: Er sinkt. Nun nimmst du denselben Knetball und formst daraus eine möglichst große Schale. Und? Sie schwimmt. Seltsam, oder? Schließlich haben Ball und Schale dasselbe Gewicht und unterscheiden sich lediglich in ihrer Form. Und genau das ist entscheidend. Denn die Schale lässt mehr Platz für Luft. Man sagt: Sie hat ein größeres Volumen. Anders als die eng zusammengepresste Knetkugel, die viel dichter ist.

Ob etwas schwimmt oder nicht, hängt also von seiner Dichte ab, damit ist das Verhältnis von Gewicht zu Volumen gemeint. Das bedeutet: Je schwerer etwas ist, desto größer muss auch sein Volumen sein, um schwimmen zu können. Könntest du den Stahl eines Schiffs wie eine Knetkugel zusammenknüllen und ins Wasser werfen – das Schiff würde untergehen, denn sein Volumen wäre viel zu klein für dieses Gewicht. Ist es aber groß genug und schließt genügend Luft ein, dann schwimmt es.

Dass dieses Verhältnis von Gewicht zu Volumen stimmt, ist sehr wichtig für einen Schiffsbauer, schließlich hat auch Wasser eine bestimmte Dichte. Und deshalb gilt die einfache Regel: Nur Objekte, die eine geringere Dichte als Wasser haben, können schwimmen – alle anderen gehen unter. Wie deine Knetkugel.

ENTDECKUNG

12

LWL-Museum für Archäologie Herne/Westfälisches Landesmuseum, oder:

KANN MAN GESCHICHTE AUSGRABEN?

Im Ruhrgebiet buddeln die Menschen aus vielen Gründen in der Erde: Bergleute, um Kohle zu fördern. Archäologen, um Fundstücke aus vergangenen Zeiten auszugraben. Was sie gefunden haben, kannst du dir im LWL-Museum für Archäologie in Herne anschauen. Besser noch: Du machst dort selbst Entdeckungen in der Erde.

Archäologen finden das Ruhrgebiet richtig spannend, denn hier können sie sehr unterschiedliche Dinge aus sehr unterschiedlichen Zeitaltern ausgraben. Im LWL-Museum für Archäologie in Herne kannst du zum Beispiel einen Faustkeil aus Mammutknochen (eine Art Taschenmesser unserer frühen Vorfahren) entdecken, Überreste eines römischen Brunnens oder den Kopf einer Puppe, die im Zweiten Weltkrieg verlorenging. Unglaubliche 250.000 Jahre zurück in die Vergangenheit der Menschen in Westfalen führen die mehr als 10.000 Fundstücke des Museums. Und die liegen natürlich nicht einfach so rum, sondern wurden nach bestimmten Epochen sortiert, also nach jenen Zeiten, aus denen sie stammen. Und das Tolle: Das ganze Museum wurde so gebaut, dass du das Gefühl hast, mitten durch die Ausgrabungsstätte eines Archäologen zu laufen. Du steckst quasi direkt im Boden mit all seinen versteckten Schätzen.

10.000 Fundstücke im Museum!

Info

LWL-MUSEUM FÜR ARCHÄOLOGIE
Westfälisches Landesmuseum
Europaplatz 1

44623 Herne
Tel. (0 23 23) 94 62 80
www.lwl-landesmuseum-herne.de

Laufen reicht dir nicht? Du möchtest Geschichte auch anfassen und erleben, wie ein Archäologe arbeitet? Dann ist wahrscheinlich das GrabungsCAMP genau das Richtige für dich. Mit Grabungswerkzeugen, mit Kelle, Pinsel und Kratzer, kannst du hier echte Handarbeit leisten und Funde aus dem Mittelalter, der römischen Kaiserzeit oder der Jungsteinzeit freilegen. Wo was versteckt liegt? Da lässt du dich am besten überraschen. Schließlich wissen auch die echten Archäologen nicht, was sie im Boden so erwartet. Und wenn du das schon toll findest, dann warte mal das Forscherlabor ab, wo das Geheimnis eines über 5000 Jahre alten Großsteingrabs mit wissenschaftlichen Methoden gelöst werden muss. Hier kannst du Geschichte nicht nur hautnah erleben, sondern wirst zu einem echten Forscher oder einer Wissenschaftlerin.

Zwerge, Riesen, Schweinehirten, oder: WIESO SIND LAKRITZE SO WERTVOLL WIE GOLD?

Wie jede Region auf der Welt hat auch das Ruhrgebiet seine ganz typischen Märchen. So mancher Bergmann weiß etwas von Kobolden oder Berggeistern zu berichten. Riesen soll es gegeben haben, und selbst die Entdeckung der Kohle erzählen sich die Menschen hier als die Geschichte von einem armen Schweinehirten und einer reichen Prinzessin.

Wo fangen wir an? Vielleicht mit dem Riesen Tippulus. Der säuberte seine dreckigen Schuhe, die Lehmklumpen fielen zu Boden – und zack: Plötzlich gab es in Bochum einen Berg. Was man so Berg nennt. Tatsächlich ist der Tippelsberg nur 40 Meter höher als seine Umgebung, aber es führen gleich mehrere Wege nach oben: der *Weg der Kinder* zum Beispiel, auf dem du unter anderem Balancierbalken findest, große Steine, auf die du klettern kannst, und einen Erlebnispfad. Und auch die Aussicht vom Gipfel ist einfach spitze. Aber guck ruhig auch mal auf den Boden, denn es heißt, man würde hier noch die Fußabdrücke des Riesen finden.

Deutlich kleinere Spuren hat der Zwerg Goldemar hinterlassen. Vielleicht sogar überhaupt keine, denn Goldemar konnte sich mit einer Tarnkappe unsichtbar machen. Der Zwerg war das Maskottchen des Ritters Neveling von Hardenberg, Herr über Burg Hardenstein in Witten. Goldemar konnte sich nicht besonders gut benehmen, rülpste beim Mittagessen und trank zu viel Bier, aber er warnte den Burgherrn immer rechtzeitig vor Feinden. Das tat er so lange, bis ein Küchenjunge ihm die Tarnkappe stehlen wollte.

www.sagenhaftes-ruhrgebiet.de
www.bochum.de

Der Zwerg wurde sauer und verfluchte die ganze Burg. Die gesamte Familie Hardenberg starb daraufhin aus und Burg Hardenstein verfiel zur Ruine. Die kann man heute noch immer besichtigen. Nur den Zwerg hat keiner mehr gesehen. Aber der kann sich ja schließlich auch unsichtbar machen.

Ganz in der Nähe der Burg, im Muttental in Witten, soll jener arme Schweinehirte gewohnt haben, der die Kohle entdeckt hat. Allerdings beansprucht dies auch die Stadt Bochum mit ihrem Jörgenstein im Weitmarer Holz. So sind Sagen nun mal: Nichts Genaues weiß man nicht. Zurück zum Hirten: Beim Hüten der Tiere wurde ihm kalt, also machte er ein Feuer. Und das brannte länger und wärmer als jedes andere Feuer zuvor, was an den schwarzen Steinen lag, auf die er das Brennholz gelegt hatte. Ein paar dieser Steine schenkte er einer reichen Prinzessin, die ihn erst ziemlich dumm anguckte, dann aber – als er die Steine ins Feuer warf – so begeistert von den „schwarzen Diamanten" war, dass sie ihn heiratete. Die Bezeichnung schwarze Diamanten für Kohle ist übrigens nicht wirklich typisch fürs Ruhrgebiet. Hier spricht man stattdessen vom Schwarzen Gold. Anderswo allerdings ist mit diesem Begriff Erdöl gemeint. Und wieder woanders bezeichnet man damit tatsächlich Lakritze. Es kommt eben darauf an, was für die Menschen jeweils besonders wertvoll ist. Und manche Leute verdienen nun einmal mit schwarzem Lakritz ihr Geld.

Ein Giftzwerg in Witten

13

DASA Arbeitswelt Ausstellung Dortmund, oder: DÜRFEN KINDER BAGGER FAHREN?

Die Menschen im Ruhrgebiet haben immer schon viel und schwer gearbeitet. Kein Wunder also, dass es in Dortmund auch ein Museum gibt, die DASA, in dem sich alles um die Themen Arbeit und Sicherheit am Arbeitsplatz dreht. Klingt anstrengend, macht aber richtig viel Spaß.

Das Tolle an der DASA Arbeitswelt Ausstellung in Dortmund ist vor allem eines: Hier kannst du viele Sachen ausprobieren, für die du eigentlich noch gar nicht alt genug bist. Zum Beispiel Minibagger und Gabelstapler fahren. Selbst ein Flugzeug darfst du fliegen – wenn auch nur in einer Simulation am Computer. Und auch das Steuern eines Lkw ist in der DASA möglich, ganz ohne Führerschein. Ein paar Vorschriften gibt es allerdings: Zehn Jahre alt musst du sein, bevor du in den Lkw-Simulator darfst; 15, um den Flugsimulator zu nutzen. Es wäre ja auch ziemlich unpassend, wenn ein Museum, das das Thema Sicherheit bei der Arbeit erklären will, selbst nicht auf Sicherheit achten würde. Die gute Nachricht: Die Tunnelbaustelle ist bereits ab vier Jahren erlaubt. Und die richtig gute Nachricht: Die meisten Stationen der DASA können ohne jede Beschränkung getestet werden. Sehen und erleben kannst du hier schließlich unglaublich viel – die spannenden Erlebniswelten der Ausstellung würden zwei Fußballfelder füllen.

Info

DASA ARBEITSWELT AUSSTELLUNG
Friedrich-Henkel-Weg 1–25

44149 Dortmund
Tel. (02 31) 90 71 24 79
www.dasa-dortmund.de

Hinter all dem Spaß steckt natürlich auch eine ernste Botschaft: Arbeit sollte immer „menschengerecht" sein. Den Menschen also nicht krank machen – was tatsächlich passieren kann, wenn Menschen zu lange hinterm Steuer sitzen, so wie Lkw-Fahrer. Deshalb gibt es die Simulatoren: Durch das Ausprobieren verstehst du, wie die Berufe funktionieren. Und dafür, dass auch Maschinen nicht immer gut für die Gesundheit der Arbeiter sind, gibt es in der DASA sogar ein richtig „dickes" Beispiel: ein alter E-Ofen, in dem 30 Jahre lang Stahl geschmolzen wurde. Sehr heiß, sehr dreckig und so laut, dass er es locker mit einem Düsenjet aufnehmen kann. Gut, dass er heute im Museum steht – und nicht mehr benutzt wird.

So laut wie ein Düsenjet !

45

14

UNESCO-Welterbe Zollverein Essen, oder:

WIESO KANN MAN AUF EINER KOKEREI SCHWIMMEN?

Das Ruhrgebiet hat viele tolle Orte. Aber es hat nur ein UNESCO-Welterbe: die Zeche und Kokerei Zollverein in Essen. Der Titel Welterbe bedeutet, dass ein Ort für die Menschheit so wichtig ist, dass man ihn unbedingt erhalten soll. Andere Welterbestätten sind zum Beispiel der Kölner Dom oder die Pyramiden von Gizeh.

100 Hektar ist es groß, das UNESCO-Welterbe Zollverein; so groß wie ungefähr 145 Fußballfelder. Platz genug für jede Menge spannende Entdeckungen. Und für die musst du zunächst einmal gar nicht mehr machen, als über das Gelände zu spazieren. Und plötzlich stehst du dann vor riesengroßen Maschinen, die ein bisschen so aussehen wie Dinosaurier aus Stahl, oder vor Gebäuden, aus denen seltsame Rutschen herausschauen. Und auf der Kokerei, wo früher bei extrem hohen Temperaturen aus Kohle Koks für die Eisenhütten der Region hergestellt wurde, findest du sogar, ob du es glaubst oder nicht, ein echtes Schwimmbecken. Hier treffen sich im Sommer immer viele Kinder aus den umliegenden Stadtteilen. Und auch du kannst hier schwimmen, wenn du möchtest. Und das vollkommen umsonst. Nichtschwimmer allerdings sind nicht zugelassen, denn mit 2,40 Metern ist das Becken ziemlich tief.

Erfunden haben dieses ungewöhnliche Schwimmbad übrigens die Frankfurter Künstler Dirk Paschke und Daniel Milohnic, die dafür 2001 zwei Container zusammengesetzt haben, mit denen normalerweise Güter auf Schiffen über die Weltmeere transportiert werden. Die beiden haben also für

die alten Seecontainer eine neue Aufgabe gefunden. Und genauso haben es die Leute im Ruhrgebiet mit der Zeche und der Kokerei Zollverein gemacht.

Richtig viel Kohle

Bereits 1851 haben Bergleute damit begonnen, auf Zollverein Kohle abzubauen. 12.000 Tonnen Steinkohle hat man damals gefördert. In einem ganzen Jahr. Genau so viel holte man ab 1932 aus dem Boden. Dann allerdings an nur einem einzigen Tag. Das war mehr, als jede andere Zeche des Ruhrgebiets leisten konnte. Tatsächlich war Zollverein damals die modernste Zeche der ganzen Region. Doch berühmt wurde Zollverein nicht nur wegen der großen Mengen Kohle, die gefördert wurden, sondern auch wegen der Architektur der Zeche. Viele Menschen halten Zollverein für die „schönste

Die schönste Zeche der Welt !

Zeche der Welt". Und tatsächlich sind die riesigen Gebäude und Maschinen unglaublich beeindruckend. Und eben für das Ruhrgebiet so wichtig und so typisch, dass die Menschen es 2001 zum UNESCO-Welterbe gemacht haben.

Unterwegs auf dem Denkmalpfad

Erleben kannst du all das heute bei Kinderführungen mit ehemaligen Bergleuten oder Kokern im sogenannten Denkmalpfad. Denn Kohle wird auf Zollverein schon lange nicht mehr gefördert. Stattdessen gibt es hier Museen und Restaurants, Tanz und Theater. Und falls du im Winter auf der Kokerei vorbeischaust, vergiss deine Schlittschuhe nicht: Denn statt Schwimmbad gibt es dort dann – mitten zwischen den ehemaligen Koksöfen – eine echte, eiskalte Eisbahn. Das klingt nicht nur nach Abenteuer. Das ist auch eins.

Wasser im Sommer, Eis im Winter !

Info

UNESCO-WELTERBE ZOLLVEREIN
Gelsenkirchener Straße 181
45309 Essen

Tel. (02 01) 24 68 10
www.zollverein.de

Viele alte Bergwerks- und Industrieanlagen im Ruhrgebiet werden heute als Museen, Theater und sogar als Open-Air-Kinos genutzt. Das ist eine richtig tolle Sache. Doch nicht nur für Menschen, auch Tiere und Pflanzen fühlen sich hier wohl. Dabei waren diese Orte noch vor ein paar Jahrzehnten richtig laut und dreckig. Und zwar so dreckig, dass die frisch gewaschene Wäsche auf der Leine im Garten zwar trocknete, aber auch gleich wieder schmutzig wurde, weil Rauch und Kohlenstaub dick in der Luft lagen.

Nach der Schließung vieler Anlagen hat sich das aber geändert: Die Luft wurde wieder sauber, die Flüsse auch, und Pflanzen und Tiere, die es wegen der Industrie lange Zeit nicht im Ruhrgebiet gab, kehrten ebenfalls zurück. Industrienatur sagen die Leute im Ruhrgebiet dazu. So leben heute auf dem Gelände der ehemaligen Schachtanlage Lohberg in Dinslaken Uhus. Auf Zollverein sind Schleiereule, Wanderfalke und Fuchs zu Hause. Und auch Kreuzkröten und Fledermäuse kannst du oft auf den alten Industriebrachen entdecken. Ebenso wie Bienen. Die allerdings haben Naturschützer ganz bewusst hier angesiedelt, quasi gemeinsam mit ihren Imkern.

Auch auf der Kokerei Zollverein gibt es mehrere Bienenstöcke. Sie sind Teil eines Projektes zwischen dem Naturschutzbund und einer Immobilien-Firma. Die Bienen fühlen sich auf der Kokerei richtig wohl. Hier gibt es zwar viele große Gebäude, aber eben auch viele Pflanzen zum Honigsammeln.

ENTDECKUNG

15

Gasometer Oberhausen, oder: WARUM STECKT DIE ERDE IN EINER TONNE?

In Oberhausen, direkt am Rhein-Herne-Kanal, steht eine riesengroße Tonne. Wenn du genau hinschaust, entdeckst du eine sehr lange Treppe an ihrer Außenseite. Und wenn du hineingehst, stehst du plötzlich mittendrin in Europas höchster Ausstellungshalle: dem Gasometer Oberhausen.

Eine Tonne macht eigentlich nur Sinn, wenn man auch etwas hineinstecken kann. Früher war das Gas. Heute sind es Fotografien, riesige Nachbildungen von Bäumen, Kunst, viele kleine Tonnen (daraus hat ein Künstler namens Christo eine bunte Mauer gebaut) – oder sogar der Mond und die Erde. Einmal wurde sogar die Tonne selbst komplett mit Stoff verpackt, als Kunstwerk. Das ist ein bisschen schwer zu glauben, aber sehr beeindruckend. Und es hängt mit diesem Wort zusammen, das man im Ruhrgebiet sehr oft benutzt: Strukturwandel. Was im Grunde nichts anderes bedeutet, als dass man mit alten Gebäuden neue Sachen macht, anstatt sie abzureißen.

Abreißen wollte man 1988 auch den Gasometer in Oberhausen, denn er wurde nicht mehr benötigt. Gebaut wurde er zwischen 1927 und 1929, damit darin Gas gespeichert werden konnte. Gas, das als Abfall in den Eisenhütten Oberhausens übrig blieb, das man aber gut gebrauchen konnte, um die Kokerei in der Stadt zu befeuern, denn hier wurde

Info

GASOMETER OBERHAUSEN
Arenastraße 11
46047 Oberhausen

Tel. (02 08) 8 50 37 30
www.gasometer.de

bei großer Hitze Kohle zu Koks gebacken. Und Koks war wiederum in den Eisenhütten als Brennstoff gefragt. Mit 117,5 Metern Höhe und einem Durchmesser von 67,6 Metern ist der Gasometer nach wie vor der größte Gasbehälter Europas. Hier war Platz für 347.000 Kubikmeter Gas. Klingt unvorstellbar? Dann stell dir doch einfach mal vor, dass man bis zum Dach 592 Stufen steigen muss – diese Tonne ist also wirklich richtig groß.

Viel Platz für Gas und Kunst

Heute kannst du dort, wo früher nichts als Gas war, spazieren gehen. Um dir zum Beispiel Ausstellungen über das Sonnensystem anzusehen, für die extra ein großes Modell vom Mond im Innenraum aufgehängt wurde. Oder um gewaltige Fotos von wilden Tieren zu betrachten, über denen in 100 Metern Höhe eine Nachbildung der Erde schwebt. Diese Tonne, das ist mal klar, hat es echt in sich.

16

Zeche Zollern Dortmund, oder:
KANN EINE ZECHE SCHÖN SEIN?

Heute gibt es nur noch eine einzige aktive Zeche im Ruhrgebiet: das Bergwerk Prosper-Haniel in Bottrop. Doch auch hier ist 2018 Schluss mit dem Kohleabbau, das ist beschlossene Sache. Früher jedoch, im 19. und 20. Jahrhundert, gab es hier richtig viele Zechen – große und kleine, erfolgreiche und weniger erfolgreiche. Eine der schönsten ist die Zeche Zollern in Dortmund.

Die Zechen gehörten verschiedenen Bergwerksgesellschaften, die mit der Kohle vor allem Geld verdienen wollten. Nicht anders als Geschäftsleute heute. Und damals wie heute sind zwei Unternehmen, die dasselbe verkaufen, zunächst einmal eines: Konkurrenten. Tatsächlich gab es damals im Ruhrgebiet ziemlich viele Bergwerke. Allein um 1890 entstanden im Ruhrrevier 70 neue Schachtanlagen, auf denen die Zechenbesitzer Kohle aus den Tiefen der Erde holen ließen. Und schon zu Beginn des 19. Jahrhunderts waren im Ruhrgebiet über 200 Stollenzechen in Betrieb. Eine ganze Menge also. Da mussten sich die Unternehmen etwas einfallen lassen, um besser zu sein als die Konkurrenten und um die Leute, die Kohle kaufen wollten, für sich zu interessieren. Also machten sie zum Beispiel mit Musterzechen auf sich aufmerksam. Diese Zechen hatten nicht nur besonders prachtvolle Gebäude, sondern auch eine besonders moderne Technik, mit der besonders schnell besonders viel

Info

LWL-INDUSTRIEMUSEUM
Westfälisches Landesmuseum für
Industriekultur
Zeche Zollern

Grubenweg 5
44388 Dortmund
Tel. (02 31) 6 96 11 11
www.lwl-industriemuseum.de

Kohle produziert werden konnte. Eine der schönsten Musterzechen im Ruhrgebiet ist die Zeche Zollern in Dortmund, die auch den Spitznamen *Schloss der Arbeit* trägt. Was daran liegt, dass die Gebäude ganz besonders aufwendig gestaltet sind – mit Türmchen zum Beispiel. Und auch das Portal der großen Maschinenhalle ist einzigartig in Europa, denn es wurde ähnlich wie in einer Kirche mit großen bunten Fenstern verschönert.

Schloss der Arbeit !

Für dich gibt es jedoch noch viel mehr zu entdecken. Den Museumsrundweg für Kinder beispielsweise. In Spielen, an Modellen und an Kletter- und Bewegungsstationen erklärt dir Berglehrling Franz, eine gezeichnete Figur, hier ganz genau, warum die Zeche Zollern nicht nur schön war, sondern auch richtig gut funktionierte. Und das macht er so toll, dass sogar die Erwachsenen manchmal lieber die Texte für Kinder lesen als die Informationen, die für sie geschrieben wurden.

Halden, oder:
GIBT ES EIGENTLICH EINE ACHTERBAHN FÜR FUSSGÄNGER?

Über Halden kann man so viel erzählen, dass wir noch an anderer Stelle über sie sprechen: beim Tetraeder in Bottrop. Von allen Halden hast du einen super Ausblick. Und manchmal kannst du dort sogar klettern.

Eigentlich ist es ja ganz logisch: Wer ein Loch buddelt, der muss auch dafür sorgen, dass er das, was er aus diesem Loch herausholt, irgendwo lässt. Das macht schon ein Maulwurf so, wenn er einen Garten mit seinen kleinen Erdhügeln verziert. Im Ruhrgebiet war das nicht anders: Wer unter der Erde Kohle, Eisenerz oder sonst etwas abgebaut hat, der musste all das, was er nicht gebrauchen konnte, an anderer Stelle entsorgen. Taubes Gestein oder Berge nennt man das wertlose Gestein, das in den Kohlenwäschen der Zechen aussortiert wurde. Damit hat man entweder alte Schächte wieder aufgefüllt und verschlossen – oder man hat einfach alles aufeinandergeschüttet, sodass nach und nach ein künstlicher Berg, eine Halde, entstand, um die man sich nicht weiter kümmern musste.

Einfach etwas draufgestellt

Als die Berg- und Hüttenwerke irgendwann geschlossen wurden, hat man sich immer noch nicht darum gekümmert. Und das war im Grunde genommen gar nicht so schlecht. Denn dadurch konnte sich die Natur völlig ungestört die alten Industriegelände, auf denen es jahrzehntelang kaum etwas Grünes gab, zurückerobern. Das galt natürlich auch für die Halden. Irgendwann hatte das Ruhrgebiet dann nicht nur künstliche Berge, sondern grüne künstliche Berge. Was

toll war, aber vielleicht ein bisschen langweilig. Deshalb haben sich die Menschen im Ruhrgebiet zusammengesetzt und überlegt, was man mit den Halden denn noch anstellen könnte. Sie bauten Wege nach oben und stellten etwas drauf. Kunst zum Beispiel. Quasi als Überraschung für all die Leute, die einen Ausflug auf die Halde machen wollten.

Die Halden im Ruhrgebiet und die Kunstwerke sind heute ziemlich berühmt und werden von vielen Menschen besucht. Natürlich steht nicht auf jeder ein und dasselbe Kunstwerk. Da haben sich die Leute richtig was einfallen lassen. Auf der Halde Haniel in Bottrop gibt es zum Beispiel ein offenes Amphitheater, in dem manchmal sogar Opern gespielt werden. Außerdem hat man aus bunt angemalten Bahnschwellen, den dicken Holzbalken zwischen den Schienen, Indianertotems gemacht und diese senkrecht in Reihen aufgestellt. Und auch auf der Schurenbachhalde ragt in einer Mondlandschaft aus taubem Gestein etwas senkrecht in den Himmel: eine große Platte aus Stahl, die Bramme. Sie ist beinahe 15 Meter hoch und soll daran erinnern, dass neben der Kohle auch der Stahl wichtig war für die Region. Was gibt es noch? Die Halde Rheinelbe in Gelsenkirchen hat eine Himmelstreppe, und auf dem Gipfel der Halde Hoheward in Herten, die man unter anderem über eine rote Drachenbrücke erreicht, findet man ein echtes Horizontobservatorium für Himmelsbeobachtungen und eine große Sonnenuhr.

Und dann ist da natürlich noch die Heinrich-Hildebrand-Höhe in Duisburg. Jeder, der sich dieser Halde nähert, bleibt verdutzt stehen: eine Achterbahn? Für Fußgänger? Fast. Tatsächlich sieht das Kunstwerk Tiger & Turtle schon aus wie eine Achterbahn, aber natürlich kannst du nicht einfach einen Looping entlanglaufen und auf dem Kopf weitermachen – da würdest du sofort herunterfallen. Trotzdem kann man auf diesem Kunstwerk spazieren gehen – nur vor den Schrägen ist halt Schluss. Tiger & Turtle bedeutet übersetzt übrigens Tiger & Schildkröte. Denn von weitem sieht es aus wie eine rasende Achterbahn (schnell wie ein Tiger), aber wenn du nahe herankommst, erkennst du, dass die Menschen zu Fuß gehen (langsam wie eine Schildkröte).

Drachenbrücke und Schildkröte !

Info

www.halden.rvr.ruhr

So eine Sonnenuhr, wie man sie auf der Halde Hoheward findet, ist eine spannende Sache. Schon die alten Ägypter haben auf diese Weise die Tageszeit bestimmt. Und das wirklich Faszinierende ist: Am Prinzip hat sich seitdem nichts geändert.

Auch du kannst dir mit ganz einfachen Mitteln eine Sonnenuhr bauen. Du brauchst dazu nicht viel mehr als einen Blumentopf oder einen hellen Eimer, Sand oder Erde, einen geraden Stock und einen Stift. Den Sand oder die Erde füllst du in den Eimer, aber nicht bis obenhin, du musst schon noch ein wenig von der Innenseite des Eimers sehen können. Dann steckst du den Stock genau in die Mitte.

Was du jetzt noch brauchst, ist ein sonniger Standort für den Eimer und ein bisschen Zeit. Denn wenn du genau hinschaust, wirst du feststellen, dass du den Schatten des Stocks auf der Innenseite des Eimers erkennen kannst – und dass er sich im Laufe des Tages bewegt und um den Stock herumwandert. Zu jeder vollen Stunde markierst du nun einfach die Stelle, an der sich der Schatten befindet. An diesen Linien kannst du dann später ablesen, wie spät es ist.

BASTELSPASS

17 Camera obscura Mülheim an der Ruhr, oder: WIE KOMMT DAS LOCH IN DEN WASSERTURM?

In einem Wasserturm wird Wasser gespeichert. Ein Loch in einem Wasserturm ist also eine dumme Sache, es sei denn, man hat das Wasser vorher abgelassen. Zum Beispiel, weil der Turm nicht mehr gebraucht wird. Und genau so hat man es mit dem alten Wasserturm in Mülheim-Broich gemacht – und ihn zu einer großen Kamera umgebaut.

Lange Zeit wurde im Broicher Turm das Wasser für die vorbeifahrenden Dampflokomotiven gespeichert. Als die durch moderne Züge ersetzt wurden, verlor der Wasserturm seine Bedeutung, und wie so oft dachte man zunächst daran, ihn einfach abzureißen. Dann jedoch entschloss man sich zu einem ganz ungewöhnlichen Umbau und installierte 1992 in der Kuppel des Turms die größte Camera obscura der Welt. Die beiden Begriffe stammen aus dem Lateinischen und bedeuten dunkler Raum. Ein deutscher Begriff für Camera obscura ist Lochkamera, und die funktioniert so: Licht, das durch ein kleines Loch in einen dunklen Kasten fällt, wirft dort ein umgekehrtes Bild.

Dass das wirklich klappt, kannst du ganz leicht selbst testen. Dazu musst du dir nur einen fensterlosen, richtig dunklen Raum suchen (den Keller zum Beispiel), wo du dich mit einem Blatt Papier einige Zentimeter entfernt vor das Schlüsselloch stellst. Draußen vor dem Schlüsselloch muss es jedoch richtig hell sein. Nur dann kannst du auf dem Papier

Falsch rum auf Papier !

Info

CAMERA OBSCURA MIT DEM MUSEUM ZUR VORGESCHICHTE DES FILMS
Am Schloß Broich 42

45479 Mülheim an der Ruhr
Tel. (02 08) 3 02 26 05
www.camera-obscura-muelheim.de
www.lwl-industriemuseum.de

erkennen, was im anderen Raum zu sehen ist – allerdings auf dem Kopf. Und genau das, nur viel größer, erlebst du in der Camera obscura im Wasserturm. Statt Papier benutzen die Leute hier jedoch einen runden weißen Tisch, der in der Mitte des Raumes steht, und das Loch ist über und nicht vor dir. Und fällt Licht hindurch, kannst du die Menschen und Gebäude von Mülheim, sogar Ampeln und Autos auf dem Tisch sehen. Und es gibt noch viel mehr zu entdecken. Denn im Turm hat auch das *Museum zur Vorgeschichte des Films* sein Zuhause. Hier geht es um so fantastische Dinge wie Schattenspiele und Transparenzen, um Laternae magicae, komplizierte Kaleidoskope und einfache Guckkästen, um Thaumathrope und Phenakistiskope, um Anamorphosen und Zoetrope. Und weil du das nur verstehst, wenn du es ausprobierst, wenn du guckst, drehst und drückst, darfst du im Museum genau das: gucken, anfassen und dich überraschen lassen.

18

Villa Hügel und Stammhaus Krupp Essen, oder: GEHT EIN KAISER AUFS PLUMPSKLO?

Im Jahr 1811 gründete Friedrich Krupp in Essen eine Stahlfabrik. Doch seine Firma lief nicht besonders gut. Als Friedrich 1826 starb, hinterließ er seinem Sohn Alfred zwar das Unternehmen – aber auch 10.000 Taler Schulden. Alfred war damals 14 Jahre alt und hatte gerade die Schule abgebrochen. Eine ganz schön schwere Aufgabe. Stell dir nur einmal vor, dir würde das passieren.

Tatsächlich klingt das nicht so, als nähme diese Geschichte ein glückliches Ende. Aber genau das ist passiert: Alfred Krupp machte aus der kleinen Firma seines Vaters den größten Stahlkonzern des 19. Jahrhunderts mit 20.000 Arbeitern. Das ist eine ziemliche Leistung für einen 14-Jährigen. Wie großartig diese Karriere tatsächlich war, zeigt ein kleiner Vergleich: Zwischen dem Haus, in dem Alfred wohnte, als sein Vater starb, und jenem Gebäude, in dem die Familie Krupp später lebte, liegen Welten.

Das erste Haus steht ein bisschen versteckt im Westen der Stadt Essen und wird „Stammhaus Krupp" genannt. Hier zogen Friedrich Krupp, seine Frau Theresia, ihre Tochter Ida und die drei Söhne Alfred, Hermann und Friedrich 1824 ein. Ein kleines Fachwerkhaus ohne Bad und mit Plumpsklo, das ist eine einfache Toilette ohne Wasserspülung. Bescheiden, aber nicht ärmlich. 20 Jahre lebte Alfred Krupp hier, dann zog er zunächst in ein neues Gebäude direkt neben dem

Info

VILLA HÜGEL
Hügel 15
45133 Essen

Tel. (02 01) 61 62 90
www.villahuegel.de

Stammhaus. Doch auch hier wurde es schließlich ein wenig
eng. Denn je berühmter Alfred wurde, desto berühmter waren auch die Leute, die ihn besuchten. Und kannst du dir
einen Kaiser auf einem Plumpsklo vorstellen? Eher nicht.

Ein neues Haus musste her. Am besten hoch über dem Baldeneysee. Und da steht es noch heute: die Villa Hügel. Hier
lebten die Krupps auf 8100 Quadratmetern Wohnfläche. Wie
viel das ist? Alfred und seine Familie hatten die Auswahl
zwischen sage und schreibe 269 Räumen. Und trotzdem hat
Alfred das kleine Häuschen nie vergessen. Darum legte er
fest, dass es so lange stehen bleiben soll, wie die Firma Krupp
existiert. Und weil es die immer noch gibt, gibt es auch das
Haus. Allerdings als Nachbau. Das Original wurde im Zweiten Weltkrieg leider zerstört. Villa und Stammhaus kannst
du dir übrigens anschauen – und dich selbst davon überzeu-
gen, wieviel der 14-jährige Alfred geleistet hat.

269 Zimmer für eine Familie !

19

In einem Park können sich die Menschen erholen. Aber auch picknicken, Verstecken spielen, klettern und toben. Einer der größten Parks im Ruhrgebiet, in dem du all das machen kannst, ist der Westfalenpark. Reiche Bürger der Stadt haben diese Grünanlage 1894 den Menschen in Dortmund für „ewige Zeiten" geschenkt. Seit damals jedoch ist der Park um einiges größer geworden.

Das berühmteste Objekt im Westfalenpark allerdings ist über 200 Meter hoch, ziemlich schlank und trug – aus Spaß – zu seinem 40. Geburtstag im Jahr 1999 tatsächlich eine 58 Meter lange Krawatte. Und es hat einen eigenen Namen: Florian – ein Fernsehturm. Gedacht war er anfangs als reiner Aussichtsturm. Den wollte die Stadt Dortmund 1959 bauen, weil damals im Westfalenpark eine weltbekannte Ausstellung, die Bundesgartenschau, stattfinden sollte. Zufällig war zur gleichen Zeit auch die Deutsche Bundespost, die Vorgängerin der Telekom, auf der Suche nach einem Platz für einen neuen Radio-Sendemast. Und weil der Bau hoher Türme, egal zu welchem Zweck, immer ziemlich teuer ist, taten sich Stadt und Post zusammen und bauten eine Kombination aus Aussichts- und Fernsehturm. Und der bot 1959 in knapp 138 Metern Höhe nicht nur ein rotierendes Café (das mittlerweile leider geschlossen hat), sondern er war auch mit beinahe 220 Metern Gesamthöhe ein knappes Jahrzehnt lang der

Info

WESTFALENPARK DORTMUND
An der Buschmühle 3

44139 Dortmund
Tel. (02 31) 5 02 61 00
www.westfalenpark.dortmund.de

höchste Fernsehturm Deutschlands. Analoges und digitales Radio sowie digitales Fernsehen werden heute vom Florian aus übertragen.

Sein Name ist übrigens das Ergebnis eines Namenswettbewerbs. *Langer Lulatsch* oder *Dortmunder Zeigefinger* lauteten ein paar der anderen Vorschläge. Die Leute entschieden sich aber schließlich für den Namen Florian. Immerhin ist der Heilige Florian auch der Schutzpatron der Gärtner. Und die werden im Westfalenpark immer gebraucht.

Hohe Türme sind teuer

20

Tetraeder Bottrop, oder:
WARUM SCHWEBT EINE PYRAMIDE ÜBER DEM RUHRGEBIET?

Pyramiden? Im Ruhrgebiet? Aber sicher. Eine ganz besondere Pyramide, der Tetraeder, steht auf einer der größten Halden im Ruhrgebiet, der Halde an der Beckstraße in Bottrop. Und was die Sache besonders ungewöhnlich macht: Nachts scheint diese Pyramide zu schweben.

Kunst auf einem künstlichen Berg

Halden sind die künstlichen Berge des Ruhrgebiets, die aus dem „Abfall" der Industrieanlagen aufgeschüttet wurden: Gestein, das mit der Kohle nach oben befördert, aber nicht gebraucht wurde und deshalb *taubes Gestein* genannt wird. Oder *Schlacke* aus den Hochöfen der Hüttenwerke. In all den Jahrzehnten ist davon im Ruhrgebiet ganz schön viel angefallen. Sehen kannst du Unmengen an *taubem Gestein* ganz oben auf der Bottroper Halde, wo kein Baum, kein Busch wächst. Und das aus gutem Grund: Nichts soll von dem 60 Meter hohen Tetraeder mit seinen drei eingehängten Aussichtsplattformen ablenken. Ein Kunstwerk, das eigentlich *Haldenereignis Emscherblick* heißt – und weit gucken kann man von dort oben tatsächlich. Bei gutem Wetter sieht man von der 65 Meter hohen Halde sogar den Gasometer in Oberhausen und die Arena auf Schalke.

Jetzt wissen wir schon so einiges, aber noch nicht, was das Wort Tetraeder eigentlich bedeutet. Tatsächlich stammt es aus dem Griechischen und lässt sich mit dem Begriff Vierflächner übersetzen: Ein Tetraeder ist ein Körper mit vier dreieckigen Seitenflächen. Eben eine Pyramide. Allerdings sieht das *Haldenereignis Emscherblick* ganz anders aus als die Pyramiden in Ägypten. Hier wurden nämlich keine Steine

verbaut, sondern Stahlrohre, die durch Treppen miteinander verbunden sind. All das ist nur etwas für Menschen, die schwindelfrei sind, denn das ganze Bauwerk schwingt im Wind immer leicht hin und her. Auch das unterscheidet den Bottroper Tetraeder von den massigen Pyramiden in der Wüste. Die können dafür aber auch nicht schweben. Oder zumindest so tun, als würden sie in der Luft hängen. Dieser Effekt entsteht dadurch, dass der Tetraeder auf vier Säulen steht. Wenn es dunkel ist, kannst du diese Säulen nicht mehr sehen – den Tetraeder aber sehr wohl, denn er wird mit Licht angestrahlt. Und deshalb scheint es dann so, als befände er sich einige Meter über dem Boden. Besonders von der Autobahn A 42 aus haben die Menschen abends im Vorbeifahren einen tollen Blick auf diese ungewöhnliche Pyramide.

Die Lichtinstallation ist übrigens nicht nur ein Lichtschlauch, wie du ihn in der Vorweihnachtszeit vielleicht um das Balkongeländer wickelst, sondern ebenfalls ein Kunstwerk. Das heißt Fraktal und arbeitet vor allem mit gelben und grünen Lichtbahnen.

Fassen wir also zusammen: Der Tetraeder in Bottrop ist ein Kunstwerk mit einem Kunstwerk auf einem künstlichen Berg. Und es wirkt so, als würde er schweben. Aber warum hat man ihn nun da hingestellt? Nun, um zu zeigen, dass sich das Ruhrgebiet verändert und dass man aus dem, was die Industrie und der Bergbau zurückgelassen haben, etwas Neues machen kann. Ganz schön clever.

> **Die Pyramide schwingt im Wind hin und her !**

Info

TETRAEDER
Beckstraße
46238 Bottrop
www.halden.rvr.ruhr

Um dir deinen eigenen Tetraeder zu basteln, brauchst du keine tonnenschweren Steinquader wie in Ägypten und auch keinen Architekten; du brauchst noch nicht einmal eine Schere. Alles, was du für unsere Pyramide benötigst, ist ein Blatt Papier im Din-A4-Format – und eine kleine Arbeitsanleitung, die unten auch noch einmal im Bild dargestellt ist, damit nichts schiefgeht.

Zunächst faltest du das Papier einmal längs in der Mitte zusammen und klappst es dann wieder auf. Jetzt hat das Blatt in der Mitte einen sichtbaren Längsknick. Im nächsten Schritt faltest du die langen Seiten jeweils bis zu diesem Knick in der Mitte. Jetzt legst du das Blatt längs vor dich hin, ohne jedoch die Faltung zu lösen, und knickst die linke untere Ecke des Papierstreifens so nach oben, dass sie genau auf dem Knick in der Mitte endet. Hat das geklappt, nimmst du die rechte untere Ecke und knickst diese bis zum linken Rand des Papierstreifens. Schon jetzt kannst du das erste richtige Dreieck erkennen. Deshalb machen wir auch genau so weiter: Du knickst die linke untere Ecke bis zum rechten Rand und faltest dann noch einmal die rechte Ecke auf den linken Rand. Nun hast du ein schönes Dreieck, von dem noch ein kleiner Rest des Papiers absteht. Und jetzt? Faltest du die geknickten Dreiecke, nicht aber die Längsfaltung vom Anfang, wieder auf. In den Knicken erkennst du vier gleichseitige Dreiecke sowie zwei kleine Randstücke oben und unten. Und genau diese steckst du einfach ineinander. Fertig ist der Tetraeder.

BASTELSPASS

| 1 | 2 | 3 | 4 | 5 |

21

Alte Synagoge Essen, oder: WAS IST EINE TORAROLLE?

Im Ruhrgebiet leben Menschen aus vielen unterschiedlichen Nationen. Das liegt auch daran, dass in der Zeit, als die Fabriken und Bergwerke immer größer wurden, immer mehr Arbeiter benötigt wurden. Und die kamen zum Beispiel aus der Türkei, aus Polen oder Italien. Das Ruhrgebiet ist deshalb richtig multikulti.

Multikulti ist ein erfundener Begriff, der sich aus den Wörtern *multi,* also viel, und *kulturell* zusammensetzt und benutzt wird, um anzuzeigen, dass viele Leute aus unterschiedlichen Ländern gerne zusammenleben. So wie im Ruhrgebiet, wo mehr als fünf Millionen Menschen zuhause sind und ganz unterschiedliche Bräuche und vor allem Religionen zusammenkommen. Hier gibt es neben Protestanten und Katholiken auch Moslems, Buddhisten, Aleviten oder orthodoxe Gläubige. Und es gibt Kirchen wie das Essener Münster mit seinem berühmten Domschatz, Moscheen wie die DITIB-Merkez-Moschee in Duisburg und sogar einen Tempel: Der Sri-Kamadchi-Ampal-Tempel in Hamm ist der zweitgrößte tamilisch-hinduistische Tempel Europas.

Schon seit Langem leben Juden im Ruhrgebiet. Und auch sie haben ihre eigenen Gotteshäuser – die Synagogen. Eine der bedeutendsten steht in Essen, wurde zwischen 1911 und 1913 gebaut und wird Alte Synagoge genannt. Ein Bethaus war sie allerdings nur bis 1956. Heute ist sie ein Haus jüdischer Kultur und hat die Aufgabe, den Menschen das

Info

ALTE SYNAGOGE
Steeler Straße 29
45127 Essen

Tel. (02 01) 8 84 52 18
www.alte-synagoge.essen.de

jüdische Leben zu erklären. Das ist ein ernstes Thema, besonders wenn es zum Beispiel um den Zweiten Weltkrieg und die Ermordung von Millionen jüdischer Menschen in Deutschland geht. Andererseits wird auch gezeigt, was Juden essen und was nicht (denn sie haben da ganz bestimmte Regeln) oder welche Tänze sie tanzen. Letztere kannst du in der Ausstellung mithilfe einer Schattenfigur sogar selbst ausprobieren. Und natürlich erfährst du auch, was es mit diesem großen Gebilde an jener Wand, die nach Jerusalem weist, auf sich hat: dem Toraschrein. Hier wird nämlich das kostbarste Stück jeder Synagoge aufbewahrt: die Torarolle, auf der in hebräischer Sprache die Botschaft Gottes niedergeschrieben ist. Mit der Hand übrigens, mit Tinte und, obwohl es ein sehr langer Text ist, ohne einen einzigen Schreibfehler, denn dann wäre die Tora ungültig.

Schreib-
fehler sind
verboten

Arbeitersiedlungen, oder:
WARUM HATTEN KINDER FRÜHER KEIN EIGENES ZIMMER?

Ab Mitte des 19. Jahrhunderts gab es im Ruhrgebiet immer mehr Fabriken und Zechen. Für die wurden natürlich Arbeiter benötigt, also kamen immer mehr Menschen, und viele brachten ihre Familien mit. Da stellt sich natürlich die Frage: Wo haben die eigentlich alle gewohnt?

Die Gutehoffnungshütte in Oberhausen war 1846 das erste Unternehmen, das eine eigene Siedlung für seine Arbeiter baute: die Siedlung Eisenheim. Ihr sollten viele andere Arbeiter- oder Zechensiedlungen im ganzen Ruhrgebiet folgen. Sie wurden meist mit voller Absicht gleich neben die Fabriken gebaut, denn so hatten die Arbeiter nur einen kurzen Weg bis zu ihrem Arbeitsplatz. Allerdings mussten sie dort auch mit dem ganzen Dreck und Krach der großen Maschinen leben. Überhaupt wohnte man damals ein wenig anders. Wie genau, kann man sich gut in Oberhausen angucken: In der Siedlung Eisenheim, in der heute immer noch Leute leben, gibt es extra ein kleines Museum, in dem die Räume so eingerichtet sind wie damals. Wenn du dort bist, wird dir auffallen, dass die Häuser viel kleiner waren als heute.

Ganz typische Häuser in Arbeitersiedlungen waren die Vierspänner. Sie hießen so wegen ihres kreuzförmigen Grundrisses, und weil in einem Haus gleich vier Familien wohnen konnten – jede hatte ihren eigenen Hauseingang. In jeder Wohnung lebten bis zu acht Personen. Das war

LVR-INDUSTRIEMUSEUM
St. Antony-Hütte
MUSEUM EISENHEIM
Berliner Straße 10a

46117 Oberhausen
Tel. (0 22 34) 9 92 15 55
www.industriemuseum.lvr.de
www.ruhrmuseum.de

zwar ganz schön eng, aber für damalige Verhältnisse immer noch ziemlich bequem. Manche Leute hatten gerade mal ein kleines Zimmer für alle Familienmitglieder. Trotzdem war auch in den Vierspännern meist einfach zu wenig Platz für Kinderzimmer. Und selbst die Toiletten waren oft im Schuppen nebenan, wo die Leute auch Ziegen oder Schweine hielten. Nach und nach bekamen die Siedlungen Kindergärten, Wäschereien und Bibliotheken. Man machte sich überhaupt mehr Gedanken um die Arbeiter und baute ihnen schließlich sogar richtig schöne Gartenstädte. Die schönste davon ist die Margarethenhöhe in Essen. Margarethe Krupp, die Frau von Friedrich Alfred Krupp, ließ sie für die Angestellten errichten. Hier ging es nicht mehr darum, möglichst viele Arbeiter in der Nähe der Fabrik unterzubringen. Jetzt sollte es ihnen in ihrer Siedlung richtig gut gehen, in modernen Wohnungen, mit vernünftigen Toiletten und Gärten. Fast so wie heute. In einer Außenstelle des Essener Ruhr Museums direkt auf der Margarethenhöhe kannst du erleben, wie das war.

Ein Klo bei den Ziegen!

22

Hohensyburg
Dortmund, oder:
WO GIBT ES EINEN DRACHEN STATT HASEN ZU OSTERN?

Auf einer Anhöhe hoch über dem Ruhrtal liegt die Ruine der Hohensyburg. Sie kommt dem, was man sich unter einer echten Ritterburg vorstellt, schon ziemlich nah, obwohl heute eigentlich nur noch ein paar Mauern zu sehen sind. Doch einmal im Jahr macht sogar ein Drache die alte Ruine unsicher. Das solltest du dir nicht entgehen lassen.

Schon vor der Zeit der Römer hat es hier wahrscheinlich eine sogenannte Wallburg gegeben. Die Sachsen hatten sie gebaut, um das Tal zu kontrollieren und um rechtzeitig zu sehen, wer da so die Ruhr runterschippert. Im Jahre 775 hat dann Karl der Große die Burg erobert und zum Bollwerk – das war ein Bauwerk zur Verteidigung gegen die Sachsen – umfunktioniert. Und die Sachsen haben die Burg tatsächlich nie wieder zurückbekommen. Etwa um das Jahr 1100 wurde die Anlage erneuert, angeblich von Kaiser Heinrich IV., aber so ganz sicher sind sich die Leute da nicht. Tatsache ist, dass du bis heute Reste der alten Wehrtürme und der Befestigungsanlage besichtigen kannst. Und deshalb kannst du dir auch ungefähr vorstellen, wie es hier früher mal aussgehen hat.

Besonders spannend wird es rund um die Ruine Hohensyburg übrigens immer zu Ostern, beim Osterspektakel. Das ist ein Mittelalterfest, auf dem sich die Menschen so anziehen

Info

HOHENSYBURG – GELÄNDE AN DER ALTEN BURGRUINE
Hohensyburgstraße 200

44265 Dortmund
www.dortmund.de

wie vor ein paar hundert Jahren. Hier triffst du Gaukler und Puppenspieler, außerdem treten Ritter in ihren eisernen Rüstungen gegeneinander an, oder sie kämpfen gegen seltsame Fabelwesen. Das gefährlichste dieser Wesen ist der Drache Fangdorn. Das ist natürlich kein echter Drache, er sieht aber ganz schön echt aus. Immerhin ist er zwölf Meter lang, gut dreieinhalb Meter hoch und kann sogar richtiges Feuer spucken. Aber keine Angst, wenn du möchtest, darfst du ihn sogar streicheln, denn Fangdorn ist ein recht gemütlicher Drache. Es sei denn, Räuber versuchen, den Schatz der Hohensyburg zu klauen, dann ist es ganz schnell vorbei mit der Drachen-Gemütlichkeit. Und du kannst ihm beim Kampf gegen die Räuber helfen.

Ein Drache, der Feuer speit

73

23

Colani-Ei Lünen, oder:
WAS MACHT EIN UFO AUF EINEM FÖRDERGERÜST?

Wir haben jetzt schon so einiges entdeckt im Ruhrgebiet. Aber Ufos? Ja, auch die gibt es hier, zumindest eines. Aber das wurde nicht etwa von Außerirdischen in Lünen geparkt, sondern von einem Designer entworfen und dort 1995 ganz geschickt platziert: mitten auf dem Fördergerüst einer alten Zeche.

Eines gleich vorweg, damit du dir nicht allzu große Hoffnung machst: Nein, besichtigen kannst du das Ufo leider nicht. Aber du kannst es dir von außen anschauen, wenn du in Lünen unterwegs bist. Denn es ist immer noch da und heute sogar so etwas wie das Erkennungszeichen der Stadt und des Technologiezentrums LÜNTEC, das auf der ehemaligen Zeche Minister Achenbach entstand.

Offiziell heißt das Objekt Colani-Ei, benannt nach seiner Form und seinem Erfinder: Luigi Colani, ein berühmter Designer, der Autos entworfen hat, Füller und Computer. Sein Ufo ist ellipsenförmig, komplett aus Kunststoff und auf seinen 300 Quadratmetern Fläche könnten theoretisch mehrere Familien wohnen. Ein sehr großer Kran musste es 1995 auf das alte Fördergerüst heben, was gar keine leichte Aufgabe war. Denn schließlich musste alles ganz genau passen, damit das Ei nicht wieder hinunterfällt. Und auch heute noch sind manche Sachen, die in einem normalen Haus gar kein Problem sind, beim Ufo ein bisschen kompliziert. Fensterputzen zum Beispiel. Was daran liegt, dass sich die Fenster nicht öffnen lassen. Damit sie auch von außen sauber werden, müssen Höhenkletterer die Putzarbeit übernehmen und sich an

LÜNTEC
Technologiezentrum Lünen GmbH

Am Brambusch 24
44536 Lünen

der Hülle des Ufos abseilen. Weil das Ufo für Konferenzen und Veranstaltungen gemietet werden kann, geschieht das regelmäßig. Und mit etwas Glück bist du genau an solch einem Tag in Lünen und kannst dir das angucken.

Und was machen wir jetzt mit all jenen, die sich auf Außerirdische und unbekannte Flugobjekte (das bedeutet die Abkürzung Ufo nämlich) gefreut haben? Wir schicken sie ins Planetarium oder in eine Sternwarte. In Bochum zum Beispiel, Essen und Recklinghausen kannst du selbst einen Blick in den Himmel riskieren und dir Planeten und Galaxien erklären lassen. Und wer weiß schon, was dann da so alles vorbeifliegt?

Ei oder Ufo?

24 Zoos & Tierparks im Ruhrgebiet, oder: WO LEBEN EISBÄREN?

Im Ruhrgebiet gibt es insgesamt 53 Städte und Gemeinden. Und auch wenn die Leute mittlerweile gerne von einer Metropole Ruhr sprechen, in der alle zusammengehören, so sind doch all diese Städte unabhängig voneinander entstanden und gewachsen. Das hat dazu geführt, dass es hier eine Menge doppelt und dreifach gibt. Zoos zum Beispiel. Und so kannst du dir aussuchen, ob du nun in Gelsenkirchen Tiere anschauen möchtest oder in Duisburg.

Und was noch besser ist: Die meisten Zoos haben sich mittlerweile einen bestimmten Schwerpunkt gesetzt, damit nicht überall die gleichen Tiere zu sehen sind.

Welthauptstadt der Ameisenbären

Der Zoo in Dortmund zum Beispiel wird manchmal auch Welthauptstadt der Ameisenbären genannt, weil man sich hier seit 1976 unter anderem auf die Aufzucht des Großen Ameisenbären konzentriert. Tatsächlich wurden seitdem nirgendwo sonst auf der Welt mehr Ameisenbären in einem Zoo geboren. Eigentlich ist der Große Ameisenbär allerdings in Mittel- und Südamerika zu Hause.

Das Tier, auf das sich der Zoo Duisburg spezialisiert hat, stammt dagegen aus Australien und ist in keinem anderen Zoo in Deutschland zu finden: der Koala, ein Beutelbär mit einer großen Vorliebe für Eukalyptusbäume. Außerdem ist der Duisburger Zoo bekannt für sein Delfinarium. Allerdings finden es nicht alle Menschen gut, wenn Delfine in Shows gezeigt werden, bei denen sie durch Reifen springen sollen, weil das eigentlich nicht ihrem natürlichen Verhalten entspricht. Besonders, da früher die Schwimmbecken oft viel zu klein waren. Mittlerweile jedoch hat man so viel über diese Tiere gelernt, dass man weiß, wie man sie möglichst artgerecht halten kann, damit es ihnen gut geht.

Ohne Zaun geht auch

Aber müssen es eigentlich immer Tiere aus fremden Ländern sein? Auch unsere heimischen Tierarten sind ziemlich cool. Im Naturwildpark Granat in Haltern am See können Besucher Hirsche, Mufflons und Wildschweine sowie Wölfe und Luchse entdecken – und das oft ganz ohne trennenden Zaun. Das klappt natürlich nicht bei den Wölfen, aber bei

Heimische Arten sind auch interessant !

den Rehen. Ganz ähnlich, nur mit Gehegen, funktioniert das Konzept im Kaisergarten in Oberhausen: Hirsche, Luchse, Wölfe, Wildschweine und Biber bekommen hier Gesellschaft von Waschbären und Schildkröten. Die kleinsten Tiere im Park? Das sind die Farbmäuse, gezüchtete Hausmäuse, die nicht nur braun oder grau sind, sondern manchmal auch gefleckt. Einen Kleintierzoo hat auch der Grugapark in Essen, außerdem sind hier zahlreiche Vögel zu Hause: Uhus zum Beispiel. Und in der größten Vogelfreifluganlage Deutschlands, einer Art riesigem Vogelkäfig, durch den Menschen hindurchspazieren können, kannst du rosafarbenen Flamingos oder typischen Vögeln der Nordsee ganz nah kommen.

Ganz nah ist in Gelsenkirchen schließlich die große weite Welt: Mit nur einem Zoobesuch lernst du in der ZOOM Erlebniswelt die Tierwelt Alaskas, Asiens und Afrikas kennen. Der Zoo räumt seinen Tieren – wie Bären, Löwen, Gorillas und Orang-Utans – dabei richtig viel Platz ein, hat aber auch ein paar Attraktionen für Kinder und Erwachsene eingebaut, die ein bisschen an einen Freizeitpark erinnern: das Alaska Ice Adventure zum Beispiel, eine virtuelle Reise in einem Iglu durch das Polarmeer. Das macht allerdings auch den Eintritt etwas teurer. Der Liebling der Besucher der ZOOM Erlebniswelt heißt übrigens Antonia. Eine Eisbärdame, die den Spitznamen Kleiner Eisbär wirklich verdient hat: Aufgrund einer angeborenen Erkrankung hat Antonia nie die massige Größe eines echten Eisbären erreicht, sondern ist mit 70 Zentimetern Höhe gerade einmal so groß wie ein Bernhardiner.

Die Anschriften aller Zoos und Tierparks im Ruhrgebiet sind im Internet auf der Seite www.metropoleruhr.de zu finden.

Kleiner Eisbär ganz groß !

Info

TIERGEHEGE WITTHAUSBUSCH
Pettenkofer Straße 3

45470 Mülheim an der Ruhr
Tel. (02 08) 4 55 67 05
www.muelheim-ruhr.de

Im Witthausbusch, dem größten Park in der Stadt Mülheim, gibt es ein kleines Tiergehege, das einen ganz besonderen Titel trägt: Arche-Park Tiergehege Witthausbusch.

Und auch die Tiere, die hier leben, sind etwas ganz Besonderes und haben sogar ganz besondere Namen: Weiß Gehörnte Heidschnucken, Walliser Schwarznasenschafe, Thüringer Waldziegen, Meißner Widder, Cröllwitzer Puten, Pommernenten und Appenzeller Spitzhauben.

Als Arche-Parks, abgeleitet von der Arche Noah, bezeichnet die *Gesellschaft zur Erhaltung alter und gefährdeter Haustierrassen* jene Orte, an denen man sich bemüht, solche Tiere zu schützen, die es früher auf Bauernhöfen noch sehr oft gab, die aber mittlerweile kaum noch zu finden sind. Die Appenzeller Spitzhauben zum Beispiel sind Hühner mit einer wuscheligen „Frisur" auf dem Kopf.

Der kleine Park in Mülheim wurde 2014 zum Arche-Park ernannt und war damit der erste in ganz Nordrhein-Westfalen.

ENTDECKUNG

Tiere in Zoos leben immer in Gefangenschaft. Damit sie sich wohlfühlen, werden sie so artgerecht wie möglich gehalten.
Wenn du zu diesem Thema Fragen hast, sprich bei deinem Besuch am besten die Tierpfleger an und lass dir erklären, wie man die Gehege und Aquarien gestaltet hat.

25 Tierpark und Fossilium Bochum, oder: WER GEHT EIGENTLICH ZUR ZOOSCHULE?

Wenn du in einem Zoo unterwegs bist, kann es sein, dass du plötzlich auch vor einem Schild stehst, auf dem das Wort *Zooschule* zu lesen ist. Eine Schule im Zoo. Für wen soll die wohl sein ... Für die Schimpansen vielleicht? Oder lernt man hier etwa Mathe?

Nein und Jein lauten die Antworten: Nein, Schimpansen müssen nicht in die Schule. Und Jein – also ein bisschen Ja, ein bisschen Nein –, weil es manchmal schon ums Rechnen geht, aber nicht so, wie du es in der Schule machst. Tatsächlich hat beinahe jeder Zoo oder Tierpark auch eine Zooschule. Und die können Schulen und Kindergärten besuchen, aber auch Geburtstagsgruppen oder Senioren. Stundenlang in Bücher schauen muss man hier allerdings nicht. Denn in einer Zooschule geht es immer darum, etwas über die Bewohner des Zoos, die Tiere, zu lernen. Dazu bringen die Zooschullehrer diese Tiere manchmal einfach mit. In der Else-Baltz-Zooschule des Tierparks Bochum darfst du zum Beispiel echte Schlangen berühren. Oder du erfährst anhand von Fellen, Federn und Zähnen, was Tiere leisten können oder wie sie sich ernähren. Wie aber war das jetzt mit Mathe? In der Bochumer Zooschule wird tatsächlich manchmal auch etwas ausgerechnet: nämlich die Größe von Tiergehegen. Anschließend wissen dann alle Kinder, warum etwa Kattas, das sind Affen, mehr Platz brauchen als Kaninchen.

Info

TIERPARK UND FOSSILIUM BOCHUM
Klinikstraße 49

44791 Bochum
Tel. (02 34) 9 50 29-0
www.tierpark-bochum.de

Für etwas ältere Kinder ab der siebten Klasse hat der Tierpark Bochum übrigens noch ein ganz besonderes Thema auf dem Stundenplan: Fossilien. Denn in diesem Zoo gibt es nicht nur lebende Tiere, insgesamt mehr als 4000 aus 300 Arten, sondern auch solche, die vor 150 Millionen Jahren die Erde bevölkerten und heute versteinert vor uns liegen. Im Fossilium des Parks kann man unter anderem fossile Quastenflosser, jurazeitliche Pfeilschwänze, urtümliche Knochenschmelzschuppenfische, Nautiliden oder Schnabelköpfer entdecken und mit ihren heute lebenden „Nachfahren" vergleichen. Und es gibt sogar ein paar Tiere, die absolut lebendig sind, aber trotzdem als Fossilien bezeichnet werden, die sogenannten Knochenhechte. Das ist tatsächlich so spannend, dass man darüber schon mal die Pause vergessen kann.

Lebendige Fossilien !

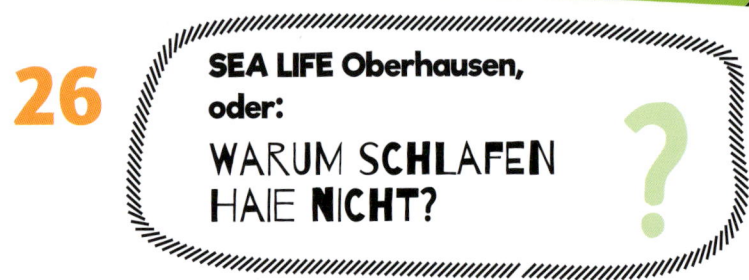

26 SEA LIFE Oberhausen,
oder:
WARUM SCHLAFEN
HAIE NICHT?

Wusstest du, dass zwei Gehirnhälften getrennt voneinander schlafen können? Oder dass es Tiere gibt, die drei Herzen haben? Entdecken kannst du all das im SEA LIFE Oberhausen. Und dort kannst du sogar zwischen den seltsamen Wesen hindurchlaufen.

Das SEA LIFE Oberhausen ist das größte Aquarium Deutschlands und so beliebt, dass du am Eingang manchmal ziemlich lange warten musst. Und auch der Eintritt ist recht teuer. Dafür gibt es auch einiges zu entdecken: Hier leben über 5000 Meereslebewesen, für die man insgesamt über zwei Millionen Liter Wasser benötigt – also mehr als 14.000 volle Badewannen.

Im SEA LIFE gibt es Seepferdchen, Quallen, Seesterne, Meeresschildkröten, unzählige Fischarten und sogar Rochen. Viele davon kannst du beobachten, indem du einfach mitten durch ihre Welt spazierst. Nicht im Taucheranzug. Sondern durch einen Tunnel aus Glas, der das Wasser abhält, großen und kleinen Tiefseeforschern aber einen Blick auf alle Lebewesen der weiten Unterwasserwelt ermöglicht. Dazu gehören auch Haie, genauer: Riff- und Ammenhaie. Und ganz egal, zu welcher Zeit du SEA LIFE besuchst – du wirst keinen der Haie jemals schlafen sehen, sie sind immer in Bewegung. Warum? Weil Haie nur durch ihre Kiemen

Info

SEA LIFE OBERHAUSEN
Zum Aquarium 1
46047 Oberhausen

Tel. (0 18 06) 66 69 01 01
(0,20 €/Anruf aus dem dt. Festnetz,
Mobilfunk max. 0,60 €/Anruf)
www.visitsealife.com/oberhausen

atmen können, wenn sie schwimmen. Schliefen sie richtig, würden sie ertrinken. Damit sie sich aber trotzdem ausruhen können, sind Hochseehaie in der Lage, im Wechsel erst mit der linken und dann mit der rechten Gehirnhälfte zu schlafen. Dabei lassen sie sich mit der Strömung treiben, um sich möglichst wenig anzustrengen.

Und die drei Herzen? Die gehören dem Pazifischen Riesenkraken, der einen Durchmesser von bis zu vier Metern erreichen kann. Das Hauptherz versorgt Hirn und Körper, zwei Kiemenherzen sorgen dafür, dass auch die Atmungsorgane schnell Sauerstoff erhalten. Außer drei Herzen hat der Krake dann übrigens noch blaues Blut und eine Speiseröhre, die durchs Gehirn führt. Aber das ist eine andere Geschichte, die du dir im SEA LIFE erzählen lassen kannst.

14.000 Badewannen voll Wasser

Taubenzüchter im Ruhrgebiet, oder: HABEN TAUBEN HEIMWEH?

Es gibt im Ruhrgebiet einen ziemlich ungewöhnlichen Sport. Ungewöhnlich deshalb, weil sich die Menschen, die ihn betreiben, gar nicht anstrengen müssen. Die echten Sportler sind nämlich ihre Tauben. Die Menschen sind nur die Trainer. Allerdings werden sie nicht, wie manchmal im Fußball, Coach genannt, dafür aber Taubenvater.

Ein Taubenvater, oder auch Taubenvatta, ist ein Taubenzüchter, dem meistens gleich ein ganzer Schwarm Tauben gehört. Und die leben nicht etwa in Vogelkäfigen, so wie Wellensittiche, sondern in einem Schlag. Das ist in der Regel ein kleines Häuschen im Garten, manchmal – besonders früher – aber auch der Dachboden eines Hauses. Von dort aus kann man die Vögel nämlich bequem durch ein Fenster fliegen lassen. Du hast richtig gelesen: Taubenzüchter lassen ihre Vögel draußen frei herumfliegen. Dazu setzen sie die Tiere sogar an fremden Orten aus. Doch keine Angst: Das machen sie nicht, weil sie sie nicht mehr haben wollen, sondern weil sie wissen, dass Tauben immer wieder nach Hause zurückkommen.

Wie Rennpferde

Genau das ist Taubensport: Der Taubenvater bringt die Tauben an einen Ort, lässt sie frei und wartet darauf, dass sie nach Hause zurückkehren. Gewonnen hat die Taube, die als Erste wieder da ist. Dafür gibt es dann einen Pokal und manchmal, bei ganz großen Wettkämpfen, sogar ein Preisgeld. Im Taubensport werden heute die Distanzen, das ist die Länge des Weges, den die Taube fliegen muss, von rund 150 auf bis zu 700 Kilometer gesteigert. Es gibt sogar speziell gezüchtete Weitstreckentauben, die bis zu 1400 Kilometer

nach Hause zurückfliegen. Das ist in etwa so weit wie vom Ruhrgebiet bis nach Rom in Italien. Eine ziemliche Leistung für einen Vogel, der gerade mal 500 Gramm wiegt. Die schnellsten sind dabei mit bis zu 120 Stundenkilometern unterwegs – so schnell wie ein Auto auf der Autobahn. Tauben werden daher auch Rennpferd des kleinen Mannes genannt, wobei klein hier nichts mit der Größe eines Taubenzüchters zu tun hat, sondern mit seiner Arbeit: Tauben wurden früher eher von Bergleuten gezüchtet als von Fabrikbesitzern

Hobby des kleinen Mannes !

(mittlerweile gibt es aber auch ein paar Taubenmütter im Ruhrgebiet). Für einen Taubenzüchter sind seine Tiere so wertvoll, dass es in Essen beim Verband Deutscher Brieftaubenzüchter, in dem auch Jugendliche Mitglied werden können, sogar eine eigene Taubenklinik gibt, in der Tierärzte ausschließlich Vögel behandeln.

Toller Orientierungssinn

Warum aber wollen Tauben überhaupt nach Hause zurück? Und wie finden sie den Weg? Haben sie Heimweh? Ein bisschen vielleicht. Denn Tauben sind standorttreu, das heißt, sie bleiben gerne da, wo sie aufgewachsen sind. Warum sie aber den Weg kennen, darüber rätseln die Menschen noch immer. Wissenschaftler gehen davon aus, dass Tauben bestimmte Landmarken erkennen können – Berge oder Flüsse zum Beispiel. Außerdem haben sie wie alle Tiere eine innere Uhr, die ihnen sagt, wie spät es ist. Dieses Wissen vergleichen sie mit dem Sonnenstand und können so herausfinden, wo Westen oder Osten ist. Denn wie du weißt, geht die Sonne im Osten auf und im Westen unter. Und dann ist da noch das Magnetfeld der Erde, über das auch wir uns orientieren, wenn wir einen Kompass benutzen. Eine Taube kann dieses Magnetfeld offenbar spüren und sich in ihrem Flug danach richten. Sie hat also quasi einen eingebauten Kompass – und damit einen wirklich tollen Orientierungssinn.

Dieses Talent haben die Menschen schon vor 4000 Jahren erkannt. Damals wurden die ersten Brieftauben mit kurzen Nachrichten hin- und hergeschickt, die man ihnen ans Bein gebunden hatte. Sogar Armeen nahmen Tauben mit aufs Schlachtfeld, damit diese dann später mit der Siegesbotschaft nach Hause fliegen konnten. Die Tauben im Ruhrgebiet transportieren keine Nachrichten. Sie tragen lediglich einen Ring, von dem man ablesen kann, wem sie gehören. Und einen Mikrochip, der, sobald sie nach einem Preisflug landen, automatisch die Zeit festhält. Schließlich will man ja ganz genau wissen, welche von ihnen die schnellste war.

Tauben als Postboten !

In Dortmund hat ein Künstler den Tauben des Ruhrgebiets ein ganz besonderes Denkmal gesetzt, das allerdings nur zeitweise zu sehen ist, nämlich immer zur vollen Stunde. Vorher oder nachher nicht. Wenn du es sehen willst, musst du also zur richtigen Zeit am Dortmunder U sein.

Das ist heute ein Zentrum für Kunst und Kreativität und war früher ein Gebäude der Dortmunder Union-Brauerei, die Bier hergestellt hat. Der große Buchstabe U ganz oben auf dem Dach des Gebäudes steht noch heute für Union. Direkt darunter kannst du die sogenannte Medienfassade erkennen: große LED-Bildflächen, die aussehen wie Fenster.

Auf denen werden Filme gezeigt. Keine Kino- oder Kinderfilme, sondern kurze Filmsequenzen, die zusammen ein großes Bild ergeben, das über Tag wechselt und auch jeden Tag anders aussieht. Manchmal glaubt man, das Gebäude würde mit Bier volllaufen. Manchmal schwimmen Fische durch ein Aquarium. Dann wieder wirbeln riesige Kickerfiguren über die Bildschirme – in den Farben des BVB. Eines aber ändert sich nie: Zur vollen Stunde zeigt die U-Turm-Bilderuhr immer Tauben. Metergroß hocken sie dann in den einzelnen Fenstern der Medienfassade, schauen auf die Menschen hinunter und wackeln mit dem Kopf.

ENTDECKUNG

DORTMUNDER U
Zentrum für Kunst und Kreativität
Leonie-Reygers-Terrasse

44137 Dortmund
Tel. (02 31) 50-2 47 23
www.dortmunder-u.de

27

Emscher Landschaftspark, oder:
WAS IST EINE KÖTTELBECKE?

Eigentlich müsste das Ruhrgebiet ja Emschergebiet heißen. Denn während die Emscher bei Dortmund beginnt, hat die Ruhr ihre Quelle im Sauerland. Dass es dennoch Ruhrgebiet heißt, liegt daran, dass die Ruhr als Transportweg sehr wichtig war. Mit der Emscher ist man dagegen weniger freundlich umgegangen. Das ändert sich jedoch gerade, und davon hast auch du etwas – einen riesigen Park zum Beispiel, in dem du viele Entdeckungen machen kannst.

Die Emscher verläuft mitten durch das Zentrum des Ruhrgebiets. Früher schlängelte sie sich als hübscher kleiner Fluss ziemlich langsam über 109 Kilometer bis zum Rhein. Allerdings war sie nie sehr tief. Nach starken Regenfällen und nach der Schneeschmelze gab es daher sehr oft Überschwemmungen. Das gefiel den Menschen nicht, und sie begannen, den Fluss zu begradigen: Sie bauten ihn um und errichteten links und rechts an seinen Ufern Mauern. Genau wie bei einem künstlichen Kanal. Außerdem begannen sie damit, ihr dreckiges Wasser, das Abwasser, in den Fluss zu leiten. Das stammte aus den Toiletten, aber vor allem aus den Bergwerken und Fabriken. Unterirdische Kanäle, über die man dieses Abwasser hätte loswerden können, ließen sich im Ruhrgebiet wegen der vielen Bergwerksschächte damals noch nicht bauen. Zu groß war die Gefahr, dass alles einstürzte. Solche Abwasser-Flüsse wurden damals Köttelbecken genannt. Und von all den Flüssen, die man dafür gebrauchte,

Info

www.emschergenossenschaft.de
www.metropoleruhr.de

war die Emscher der schmutzigste in ganz Deutschland. Mittlerweile jedoch bemühen sich die Menschen im Ruhrgebiet darum, aus der Emscher wieder einen sauberen Fluss zu machen. Dazu baut die Emschergenossenschaft Abwasserkanäle, die das Dreckwasser aufnehmen. In Dortmund ist die Emscher tatsächlich bereits wieder sauber. Und auch in Duisburg wurde ein Teil der Emscher renaturiert, also in ihren früheren Zustand zurückversetzt. Geschehen soll das mit dem ganzen Fluss, aber das wird noch eine Weile dauern.

Wie ernst diese Aufgabe genommen wird, merkt man bereits daran, dass entlang der Emscher der größte Park des Ruhrgebiets entstanden ist: der Emscher Landschaftspark, der über 20 Städte verläuft und einzelne kleine Parks, Industrienatur und Halden miteinander verbindet. Hier kannst du Rad fahren und picknicken, Kunst und Kultur entdecken, Boot fahren oder an Schnitzeljagden teilnehmen. Programm gibt es immer. Ein bisschen ist das so, als wenn man sich bei der Emscher entschuldigen wollte.

Früher der schmutzigste Fluss Deutschlands

28

Wald, Wiesen, Wasser, oder:
WAS MACHT DIE POST IN DER NATUR?

Es ist noch nicht lange her, da war das Ruhrgebiet eine der wichtigsten Industrie- und Bergbauregionen. Der Natur aber ging es damals nicht so gut: Luftverschmutzung, verseuchte Böden und dreckige Flüsse sorgten dafür, dass letztlich auch die Menschen krank wurden. Heute wachsen hier aber sogar wieder wilde Pflanzen, von denen viele Menschen nicht wissen, dass man sie sogar essen kann.

Dass es diese Pflanzen wieder gibt, hängt damit zusammen, dass vor ein paar Jahrzehnten Öl plötzlich wichtiger wurde als Kohle. Das führte zu einer Entwicklung, die man heute *das große Zechensterben* nennt. Das war schlimm, weil viele Menschen ihre Arbeit verloren haben. Es hatte aber auch Vorteile: Die Natur konnte sich wieder erholen, und auf den riesengroßen Flächen der alten Bergwerke wuchsen wieder Bäume und viele andere Pflanzen. Experten nennen das postindustrielle Spontanvegetation. *Post* ist Latein und bedeutet *nach,* es geht also um all das, was hier nach dem Ende der Industrie plötzlich gewachsen ist. Viele Wildkräuter zum Beispiel, aber auch seltene Orchideen. Was genau hier alles so grünt und damit auch wieder kriecht, krabbelt, schwimmt und fliegt, kannst du dir an vielen Orten im Ruhrgebiet erklären lassen oder in spannenden Ausstellungen entdecken.

Vom Informationszentrum Haus Ripshorst in Oberhausen

Info

HAUS RIPSHORST
Ripshorster Straße 306
46117 Oberhausen
Tel. (02 08) 8 83 34 83
www.metropoleruhr.de

WALDKOMPETENZZENTRUM HEIDHOF
Zum Heidhof 25
46244 Bottrop-Kirchhellen
Tel. (0 20 45) 40 56-0
www.metropoleruhr.de

zum Beispiel starten jedes Jahr viele Ausflüge, bei denen die Teilnehmer lernen, welche Pflanzen aus anderen Ländern in das Ruhrgebiet „eingewandert" sind. Im Waldkompetenzzentrum Heidhof in Bottrop-Kirchhellen wiederum wird Kindern verständlich erklärt, wie es den Wäldern im Ruhrgebiet heute geht oder wie du überleben kannst, wenn du nur die Pflanzen nutzt, die du im Wald findest. Am Haus Ruhrnatur in Mülheim schließlich sind heimische Fischarten und typische Nager der Ruhrauen wie die Nutrias das Thema. Du kannst aber auch Kleinstlebewesen im Wasser unter dem Mikroskop entdecken. Denn dreckig sind die meisten Flüsse im Ruhrgebiet schon lange nicht mehr.

Es gibt auch seltene Orchideen !

HAUS RUHRNATUR
Alte Schleuse 3
45468 Mülheim an der Ruhr
Tel. (02 08) 44 33-3 80
www.haus-ruhrnatur.de

29

Lamawanderung und Straußenfarm, oder: WO KANNST DU MIT LAMAS GASSI GEHEN?

Tieren aus Südamerika und Afrika begegnet man im Ruhrgebiet nicht nur in Zoos, sondern manchmal auch mitten auf einer Wiese. Man kann sogar mit ihnen spazieren gehen. Zumindest funktioniert das in Gelsenkirchen mit Lamas. Mit den Afrikanischen Straußen aus Essen ist das dagegen so eine Sache ...

Auf der Halde der Zollverein-Schachtanlage 4/5/11 zwischen Essen und Gelsenkirchen kannst du gelegentlich auf dem Boden ein paar seltsame schwarze Köttel entdecken– viel zu groß für Kaninchenköttel, viel zu klein für Pferdeäpfel. Hinterlassen wurden sie von Lamas. Und die leben auf einem Hof in Gelsenkirchen, wo man sie für einen Spaziergang auf der Lamaweide im Gesundheitspark Nienhausen oder einen Ausflug über die nahen Halden buchen kann.

Und warum Lamas? Kannst du nicht einfach mit einem Hund spazieren gehen? Die Menschen, die mit einem Lama an der Leine loslaufen, sollen sich entspannen. Entschleunigung wird das genannt, was „einfach mal langsam machen" bedeutet und eigentlich erst gebraucht wird, seit die Menschen immerzu im Stress sind. Ein Lama eignet sich dazu ziemlich gut, denn Lamas gelten als freundlich und einfühlsam und sind eben eher gemütlich unterwegs. Dass Lamas spucken, ist zwar richtig, aber das machen sie eigentlich nur

Info

PRACHTLAMAS
Feldmarkstraße 209
45883 Gelsenkirchen
Tel. (0 28 64) 88 46 81
www.prachtlamas.de

STRAUSSENFARM RUTHERHOF
Rutherweg 39
45133 Essen
Tel. (02 01) 49 24 68
www.rutherhof.de

untereinander, um die Rangfolge in einer Lamagruppe fest-
zulegen. Trotzdem sollten sich natürlich alle Teilnehmer einer Wanderung stets an die Anweisungen der Lama-Führerin
halten, die bei einem solchen Spaziergang immer dabei ist.

Deutlich mehr Tempo legt dagegen ein Afrikanischer
Strauß vor. Der ist mit 70 Stundenkilometern Höchstge-
schwindigkeit durchaus so schnell wie ein Auto auf der
Landstraße. Spazierengehen funktioniert also eher nicht.
Kennenlernen und anfassen schon. Zum Beispiel auf dem
Rutherhof in Essen, wo Strauße gezüchtet werden. In erster
Linie wollen die Besitzer das Fleisch und die Eier der Tiere
verkaufen; Landwirte machen das ja mit Hühnern, Rindern
und Schweinen genauso. Aber die Menschen sollen auch einiges über diese afrikanischen Laufvögel erfahren. Deshalb
gibt es regelmäßig Führungen, bei denen verblüffende Fragen beantwortet werden. Oder weißt du auf Anhieb, warum
Strauße Steine fressen?

Lamas
spucken nur
auf Lamas!

30 Geologischer Garten Bochum, oder: WORAUS BESTEHT KOHLE?

Die Kohle hat dafür gesorgt, dass sich das Ruhrgebiet im 19. Jahrhundert zu einer erfolgreichen Industrieregion entwickelte. Wo aber kommt Kohle her? Woraus besteht sie? Eine Antwort auf diese Fragen findet sich im Geologischen Garten, einem Naturdenkmal in Bochum.

Dieser Garten ist ein Standort im Nationalen GeoPark Ruhrgebiet. Ein Geopark ist ein Gebiet, in dem man wichtige geologische Funde gemacht hat, also Entdeckungen im Boden, die dir etwas über die unterschiedlichen Erdzeitalter verraten. In Bochum kannst du bei einem Spaziergang durch den Park Gesteinsschichten aus drei Abschnitten der Erdgeschichte finden: aus der Karbonzeit vor 358 bis 296 Millionen Jahren, aus der Kreidezeit vor 142 bis 65 Millionen Jahren und aus der Quartärzeit, die vor 1,8 Millionen Jahren begann und bis heute andauert. Dass du hier so weit in die Zeit zurückschauen kannst, hängt damit zusammen, dass die Zeche Friederika von 1750 bis 1907 an dieser Stelle Fettkohlen und Eisenerz abgebaut und später eine Ziegelei mit Steinbruch betrieben hat. Der wurde zwar 1959 geschlossen, aber das Gestein, das die Arbeiter damals freilegten, ist immer noch zu sehen. Und wenn du ganz genau hinschaust, kannst du darin dunkle Streifen aus Kohle, die Flöze, entdecken.

Eigentlich ist Kohle nichts anderes als tote Pflanzen. Die starben allerdings nicht erst letzte Woche ab, sondern bereits

Info

GEOLOGISCHER GARTEN BOCHUM
Querenburger Straße

44789 Bochum
www.geopark.metropoleruhr.de

in der Karbonzeit. Bäume und Farne fielen damals in einen Sumpf, verrotteten dort ganz langsam zu Torf und sanken immer tiefer in die Erde, wo der Torf luftdicht abgeschlossen und durch den Druck der oberen Schichten immer weiter zusammengepresst wurde. Auf diese Weise und durch die Wärme im Erdinneren wurde daraus nach Millionen Jahren zunächst Braunkohle und dann, nach weiteren Jahrmillionen, Steinkohle. Ein paar „Verwandte" jener Baum- und Pflanzenarten der Urzeit kannst du übrigens ebenfalls im Geologischen Park sehen: Ginkgos und Urwelt-Mammutbäume. Und wenn du bei deinem Spaziergang genau aufpasst, findest du vielleicht sogar die versteinerten Bäume. Schautafeln, die dir deine Eltern vorlesen können, erklären an jeder Station, was dort zu sehen ist.

Bäume fielen um und wurden zu Kohle!

Schrebergärten, oder:
WAS IST EIGENTLICH SCHLABBERKAPPES?

Sie sind mitten in der Stadt zu finden. Manchmal direkt an Bahngleisen, manchmal direkt am Kanal. Manchmal liegt sogar eine alte Zeche gleich um die Ecke. Wovon wir sprechen? Von Schrebergärten. Was das ist? Kleine Gärten mit je einer Hütte drin. Hier kannst du Tomaten pflanzen oder eigenes Gemüse ernten.

Könntest du von oben aus der Luft auf diese Gärten schauen, würdest du erkennen, dass sie sehr eng beieinander liegen und gemeinsam eine Art großen Park bilden, eine Kleingartenanlage. Und in der ist alles ordentlich aufgeteilt: Zäune trennen die einzelnen Parzellen voneinander, und richtige Wege führen von einem Garten zum anderen. Verantwortlich für diese Anlagen sind Kleingartenvereine. Und deren Mitglieder haben ihren Schrebergarten vom Verein gepachtet. Die Bereiche, die von allen genutzt werden, etwa die Wege, werden auch von allen gemeinsam sauber gehalten. Ansonsten kümmert sich jeder um seinen Garten. In ganz Nordrhein-Westfalen gibt es ungefähr 118.000 Kleingärten in 1600 Kleingartenanlagen. Die meisten davon im Ruhrgebiet. Dass es so viele sind, hat mit der Vergangenheit zu tun: Anfang des 19. Jahrhunderts gab es hier nun mal viele arme Menschen, die nicht genug zu essen hatten. Reiche Land- oder Fabrikbesitzer stellten ihren Arbeitern deshalb sogenanntes Grabeland zur Verfügung, auf dem sie Gemüse anpflanzen oder Hühner, Ziegen und Kaninchen halten konnten. Armengärten nannte man diese Vorgänger unserer heutigen Kleingartenanlagen. Echte Schrebergärten allerdings waren eigentlich etwas anderes. Hier sollten – das zumindest hatte sich der Arzt Moritz Schreber aus Leipzig damals überlegt – Kinder spielen und turnen können. Sie sollten sich erholen, denn viele von ihnen mussten beinahe ebenso hart arbeiten wie die Erwachsenen. Dass auf dem ersten Schreberplatz dann auch ein Garten angelegt und Gemüse angebaut wurde, war eher ein schöner Zufall.

Eines der Gemüse, das noch heute in manchen Schrebergärten angebaut wird, ist Weißkohl. Wenn man dazu noch Fleisch gibt, entsteht daraus ein sehr leckerer Eintopf: der Schlabberkappes. Kappes ist ein anderes Wort für Kohl, und schlabbern heißt so viel wie schmatzen. Man schmatzt, weil es so gut schmeckt. Fast jede Familie im Ruhrgebiet hat ihr eigenes Rezept für Schlabberkappes. Es ist also so etwas wie ein Überraschungseintopf.

Eintopf aus dem Garten !

31

Batnights im Ruhrgebiet, oder: WIE FUNKTIONIERT EIN BATDETECTOR?

Was haben die Zeche Zollverein in Essen, der Nordpark in Gladbeck und Schloss Beck in Bottrop-Kirchhellen gemeinsam? An jedem dieser Orte im Ruhrgebiet kannst du Fledermäuse beobachten. Und weil die nur nachts unterwegs sind, darfst du ausnahmsweise einmal richtig lange wach bleiben.

Fledermäuse existieren bereits seit 50 Millionen Jahren. Weltweit gibt es mehr als 1200 verschiedene Arten, allein in Deutschland sind es 25. Nicht alle davon kannst du im Ruhrgebiet finden, und nicht an jedem Ort im Ruhrgebiet leben dieselben Arten. Das hängt unter anderem damit zusammen, dass manche Fledermäuse gerne am Wasser jagen, während andere lieber im Wald oder sogar in Wohngebieten unterwegs sind. Alle Arten haben jedoch eines gemein: Sie sind nachtaktiv, das heißt, sie fliegen nur in der Dunkelheit. Wenn du also eine Fledermaus beobachten möchtest, dann musst du tatsächlich eine Nachtwanderung einplanen. Und weil Fledermäuse Winterschlaf halten, machst du die am besten im Sommer, vielleicht am Wochenende oder in den Ferien. Dann ist es auch nicht so schlimm, dass du erst spät ins Bett kommst. Ausgerüstet nur mit Taschenlampen marschierst du in völliger Dunkelheit quer durch den Nordpark oder immer an der Ruhr entlang. Und wenn die ersten schnellen Schatten über deinem Kopf durch die Nacht fliegen, dann bist du im Fledermaus-Revier angekommen.

Fledermausnacht im August

Allerdings ist es gar nicht so leicht, Fledermäuse zu beobachten. Deshalb ziehst du am besten mit jemandem los, der sich auskennt. Im Ruhrgebiet sind das zum Beispiel Mitarbeiter der Biologischen Stationen oder des Naturschutzbundes. Richtig spannend wird diese Suche zur Internationalen Fledermausnacht Ende August. Dann finden besonders viele Fledermaus-Veranstaltungen statt. Exkursionen zu den Lebensräumen der kleinen Säugetiere zum Beispiel, aber auch Filmabende oder Workshops. Dann erfährst du, warum Fledermäuse mit den Ohren sehen und mit ihren Händen fliegen, aber auch, warum sie zu den bedrohten Arten gehören. Denn nicht überall geht es den kleinen Fledermäusen wirklich gut. Im Ruhrgebiet fühlen sie sich allerdings ganz wohl, denn sie können hier beispielsweise in alten Bergwerks-

So groß wie ein Stück Zucker

stollen überwintern. Überhaupt sind frühere Industrieanlagen ideale Quartiere für Fledermäuse: Hier gibt es alte Gebäude, in denen sie Unterschlupf finden, und längst auch wieder genügend Insekten als Nahrung. Früher war das nicht so. Damals war es dort viel zu dreckig und viel zu laut. Eine der häufigsten Fledermausarten im Ruhrgebiet ist übrigens die Zwergfledermaus, die mit ihren fünf Zentimetern gerade einmal so viel wiegt wie ein Stück Würfelzucker. Seltener ist der Große Abendsegler, der als Frühaufsteher bereits in der Abenddämmerung unterwegs ist.

Schreie in der Nacht

Sehen kannst du ihn dann vielleicht. Hören wirst du ihn nicht – und das, obwohl jagende Fledermäuse ununterbrochen schreien. Allerdings liegen ihre Rufe im Ultraschallbereich und sind für den Menschen nicht hörbar. Zum Jagen ist so ein Ruf aber perfekt: Stoßen diese Schallwellen nämlich auf eine Motte, kommen sie als Echo zur Fledermaus zurück und zeigen ihr an, dass es vor ihr etwas zu futtern gibt. Erst wenn man die Fledermausrufe in ihrer Frequenz „tieferlegt", können auch wir sie hören. Das wird mit einem technischen Gerät ermöglicht, dem Batdetektor. Wenn man den anschaltet, ist eine seltsame Mischung aus Klicken, Fiepen und Gezwitscher zu hören – Fledermausschreie.

Einen solchen Batdetektor (bat ist das englische Wort für Fledermaus) können Familien sogar ausleihen: Beim NABU Ruhrgebiet gibt es eine Fledermausbox. Was drin ist? Drei Batdetektoren, Informationsmaterial, ein Bilderbuch, ein Film, eine CD mit Fledermausrufen, Bastelanleitungen und eine Gummifledermaus. Damit du dir ganz genau anschauen kannst, was da über deinem Kopf herumflattert.

Bat bedeutet Fledermaus

Info

NABU-REGIONALSTELLE
RUHRGEBIET
Im Welterbe 1

45141 Essen
Tel. (0201) 29 46 40 40
www.nabu-im-ruhrgebiet.de

Damit Kinder verstehen, wie Fledermäuse jagen, hat der amerikanische Naturpädagoge Joseph Cornell das Spiel *Fledermaus und Motte* erfunden. Alles, was du dafür brauchst, sind eine Augenbinde und ein paar Freunde. Gemeinsam bildet ihr einen Kreis und bestimmt unter euch eine Fledermaus und fünf Motten. Jetzt werden der Fledermaus die Augen verbunden, und dann muss sie die Motten fangen – und zwar einzig und allein über das Prinzip der Echoortung, das auch die echte Fledermaus nutzt, wenn sie auf Beutejagd geht.

Natürlich kann die menschliche Fledermaus keine Ultraschalllaute von sich geben, aber sie kann ununterbrochen „Fledermaus!" rufen, während sie durch den Kreis „fliegt". Die Motten wiederum müssen ihr unmittelbar mit „Motte!" antworten. Nur ihrem Gehör folgend versucht die Fledermaus nun, ihre Beute zu machen. Dieses Spiel und noch viele weitere sind auf der Internetseite des Naturschutzbundes unter dem Suchwort Batnight zu finden.

www.nabu.de

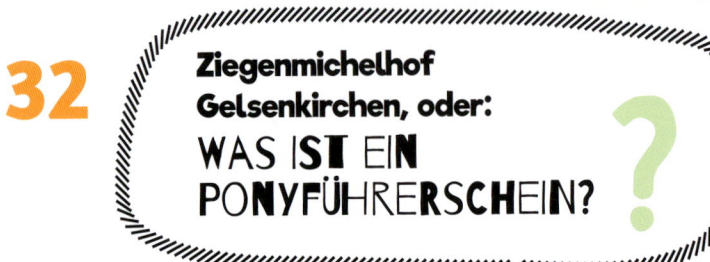

32

Ziegenmichelhof Gelsenkirchen, oder: WAS IST EIN PONYFÜHRERSCHEIN?

Die Ruhrgebietsstadt Gelsenkirchen ist zwar berühmt für ihren Fußballverein, aber nicht unbedingt für echte Bauernhoferlebnisse mit Tieren, Traktor und dem Duft nach Heu. Gelsenkirchen bietet sie aber dennoch: auf dem Ziegenmichelhof.

Und der trägt in seinem Namen noch einen Zusatz, der eigentlich schon wunderbar erklärt, um was es bei diesem Hof geht: Der Ziegenmichelhof ist nämlich ein *Lehr- und Erlebnisbauernhof* für Kinder und Jugendliche. Hier warten auf dich echte kleine Abenteuer, zum Beispiel bei der Versorgung der Tiere des Hofes, und ganz nebenbei lernst du auch noch etwas. Respekt und Verständnis für die Natur zum Beispiel. Aber auch für andere Menschen. Denn das Konzept des Hofes ist integrativ, was bedeutet, dass hier Kinder mit und ohne Behinderung gemeinsam etwas erleben. Das gilt sogar schon für Kinder ab drei Jahren.

Besonders stolz ist der Ziegenmichelhof dabei auf seine drei Erlebniswelten zur Steinzeit, dem Mittelalter und zu den Wikingern. Dort erfährst du so einiges über alte Haus- und Nutztierrassen, gesunde Ernährung, aber auch übers Brotbacken, alte Handwerksmethoden oder die Aufgaben von Rittern und Burgfräulein. Ganz egal zu welcher Jahreszeit: Eine Chance auf ein Abenteuer findet sich eigentlich immer. Oder wusstest du schon, dass man aus Blüten sowohl

DER ZIEGENMICHEL
Eggemannstraße 51
45883 Gelsenkirchen

Tel. (02 09) 9 44 36 81
www.ziegenmichel.de

eine Creme als auch einen Tee herstellen kann? Wie man Marmelade kocht? Oder was sich mit einer Becherlupe alles entdecken lässt? Dass auf einem Bauernhof dabei immer auch mal wieder eine Fahrt mit dem alten Traktor drin ist, versteht sich von selbst.

Auf dem Hof leben übrigens nicht nur Menschen, sondern auch Schafe, Kaninchen, Hängebauchschweine, Gänse, Hühner, Katzen, die beiden riesengroßen irischen Wolfshunde Wolfi und Findus und natürlich eine Ziegenherde, die dem Hof seinen Namen gegeben hat. Und dann wären da noch die Pferde und Ponys, die im Programm einen besonders großen Raum einnehmen. Wenn du magst, kannst du sogar deinen eigenen Ponyführerschein machen. Dazu brauchst du keine Fahrschule wie beim Auto, aber einen kleinen Kurs darin, wie du am besten mit einem Pony umgehst, was es frisst, was es mag und was nicht. Und natürlich lernst du auch, wie man darauf reitet. Und am Ende dieses Kurses bekommst du dann deinen Führerschein.

Drei Erlebniswelten!

33

Kluterthöhle Ennepetal, oder: WAS IST EIN FUCHSSCHWANZ-HALTER?

?

Schwämme, Muscheln und Korallen gehören ins Meer. Seltsam also, dass du in Ennepetal, am südlichen Rand des Ruhrgebiets, all das ebenfalls findest. Denn von einem Meer ist dort weit und breit nichts zu sehen. Wenn du aber genau aufpasst, entdeckst du dort die Statue eines Mannes, der einen Fuchs am Schwanz festhält.

385 Millionen Jahre ist es her, dass es in Ennepetal tatsächlich ein Meer gab. Ein Meer mit einem Korallenriff. Und dessen Lebewesen kannst du heute an gleicher Stelle in der Kluterthöhle als Versteinerungen bewundern. Entstanden ist die Höhle im Laufe von Jahrmillionen, weil Wasser das Riff ganz langsam ausgehöhlt hat. Neben den Versteinerungen findest du hier unterirdische Seen, geheimnisvolle Gänge und mächtige Hallen. Tropfsteine allerdings suchen kleine und große Höhlenforscher vergeblich. Früher gab es Tropfsteine, doch die meisten wurden im Laufe der Jahrhunderte von Menschen zerstört. Nur in Höhlenbereichen, die schwer zugänglich sind, befinden sich heute noch ein paar.

Wissenschaftler haben bisher 380 Gänge von knapp sechs Kilometern Gesamtlänge in der Kluterthöhle gefunden. Und es ist längst noch nicht sicher, ob das schon alle sind. Viele der Gänge kannst du in geführten Touren erkunden. Wenn du besonders mutig bist, kannst du auch an speziellen

KLUTERTHÖHLE
Gasstraße 10
58256 Ennepetal

Tel. (0 23 33) 98 80 11
www.kluterthoehle.de

Erlebnisführungen teilnehmen, bei denen du klettern oder im Dunkeln schmale Engstellen auf dem Bauch überwinden musst. Eine super Sache. Falls du aber Dunkelheit nicht so gerne hast oder enge Räume nicht magst, solltest du auf eine solche Führung – möglich sind sie ab acht Jahren – lieber verzichten.

Draußen vor der Höhle steht übrigens eine Männerstatue, die einen Fuchs am Schwanz hält und hinter dem Tier herläuft. Die Statue soll an einen Mann erinnern, der der Legende nach auf dem Weg vom Rhein nach Limburg war. Als er unterwegs einen Zwerg nach dem Weg fragte, schickte der ihn quer durch die Kluterthöhle – zusammen mit einem Fuchs, der ihm den Weg weisen sollte. Deshalb hielt sich der Mann am Fuchsschwanz fest. Ein böser Riese kommt in der Geschichte auch noch vor, aber das lass dir lieber vor Ort erzählen. Das ist spannender.

Auf dem Bauch durchs Dunkle !

34 Deutsches Fußballmuseum Dortmund, oder: WOFÜR STEHT EIGENTLICH „VIER VIER ZWEI"?

Das Ruhrgebiet ist wirklich fußballverrückt. Ob Bolzen auf dem Ascheplatz oder Zuschauen in einem der großen Stadien – Fußball ist Teil der Ruhrgebietskultur. Ganze Stadtteile sind in Schwarz-Gelb dekoriert, wenn Borussia Dortmund spielt. Oder in Königsblau und Weiß, wenn Schalke 04 auf dem Platz steht. Und deshalb ist das Deutsche Fußballmuseum im Ruhrgebiet auch genau richtig.

Fußball spielen die Menschen im Ruhrgebiet schon seit sehr langer Zeit. Seit Ende des 19. Jahrhunderts, um genau zu sein. Erfunden wurde der Fußball hier allerdings nicht – das haben damals die Engländer gemacht.

Noch viel mehr über die Geschichte des Ruhrgebietsfußballs und des Fußballs in Deutschland kannst du seit 2015 im Deutschen Fußballmuseum in Dortmund erfahren. Dort wird all das ganz genau erzählt. Mit Filmen und Fotos und anderen Ausstellungsstücken. Hier kannst du zum Beispiel den Weltmeisterpokal sehen und alte Trikots. Du kannst an einem Schiedsrichter-Quiz teilnehmen oder ausprobieren, wie es sich anfühlt, einen Fallrückzieher zu machen. Du kannst dich als Fußballkommentator versuchen („Tooooor!"), und ein kleines Fußballfeld zum Kicken gibt es auch. Eine wichtige Rolle spielen natürlich die Welt- und Europameisterschaften. Immerhin waren die deutschen Nationalmannschaften der Männer und der Frauen schon oft Weltmeister. Und die spannendsten Szenen aus diesen Spielen kannst du dir auf vielen Bildschirmen im Museum tatsächlich noch einmal ansehen. Und ebenso wie viele Fußballvereine hat auch das Deutsche Fußballmuseum einen eigenen Kids' Club nur für Kinder. Dort solltest du unbedingt die Museumsrallye ausprobieren.

Und natürlich kannst du selbst überall im Ruhrgebiet Fußball spielen: In fast jedem Stadtteil gibt es Fußballvereine, und die meisten davon haben auch eine Kinder- und Jugendabteilung für Mädchen und Jungen. Der erste echte Fußballverein im Ruhrgebiet wurde übrigens von Jugendlichen gegründet: 1892 haben sich die Schüler eines Gymnasiums zum FC Witten zusammengeschlossen. Außer an Schulen gab es Fußballmannschaften auch als Abteilungen von Turnvereinen. Anfang des 20. Jahrhunderts schließlich entstanden sie vor allem in Zechensiedlungen und aus

Wer ist Westfalia Schalke?

kirchlichen Gruppen heraus. Die beiden bekanntesten Beispiele: Schalke und der BVB.

In Dortmund gründeten im Jahr 1909 einige Mitglieder einer katholischen Jugendgruppe den Ballspiel-Verein Borussia 1909 (BVB). Den Namen Borussia liehen sie sich von einer Brauerei in der Nachbarschaft. Die ersten Trikots waren blau-weiß gestreift – das kann man sich heute gar nicht mehr vorstellen. Denn längst sind die Dortmunder Farben Schwarz und Gelb, während Blau und Weiß zu Schalke 04 gehören. Dieser Verein wurde, der Name sagt es schon, 1904 gegründet und hieß damals noch Westfalia Schalke. Eigentlich war es nicht mehr als eine Straßenmannschaft ohne eigenen Platz und ohne eigenen Ball. Doch in den 1920er-Jahren wurde diese Truppe als Schalke 04 zu einer der erfolgreichsten Mannschaften des Ruhrgebiets. Zwischen 1934 und 1942 wurde Schalke sogar fünfmal Deutscher Meister. Und im gesamten Ruhrgebiet freute man sich darüber – sogar in Dortmund. Dort hat man seit 1956 den Titel achtmal gewonnen.

Nach der Arbeit wurde Fußball gespielt

Nach dem Krieg gab es im Ruhrgebiet dann richtig viele Mannschaften. Und das Beste daran: Spieler und Fans wohnten meistens im gleichen Stadtteil, arbeiteten tagsüber gemeinsam auf der Zeche oder im Stahlwerk und trafen sich abends zum Fußball. Da gab es dann Mannschaften wie die Sportfreunde Katernberg, deren Spieler allesamt Bergleute auf der Zeche Zollverein waren. Sie waren nicht nur Arbeits-, sondern auch Mannschaftskollegen.

Schwarz-Gelb gegen Blau-Weiß !

Info

DEUTSCHES FUSSBALLMUSEUM
Königswall 21

44137 Dortmund
Tel. (02 31) 22 22 19 54
www.fussballmuseum.de

Hast du schon einmal von „vier vier zwei" gehört? Oder einer „Falschen Neun"? Das klingt nach einer komplizierten Matheaufgabe, hat damit aber gar nichts zu tun. „Vier vier zwei" ist eine Möglichkeit, eine Mannschaft aufzustellen. Der Trainer stellt vier Spieler oder Spielerinnen in die Verteidigung, vier ins Mittelfeld und zwei in den Angriff. Und dann gibt's natürlich noch einen Torwart oder eine Torfrau, aber der oder die ist ja bekanntlich (fast) immer im Tor. „Vier vier zwei" heißt aber nicht, dass die zwei Stürmer einfach vor dem gegnerischen Tor stehen und darauf warten, dass sie den Ball bekommen. Im modernen Fußball müssen alle in der Verteidigung mithelfen. Alle Spielerinnen und Spieler müssen also ganz schön viel laufen.

Und was hat es mit der „Falschen Neun" auf sich? Heutzutage bekommt jeder Spieler oder jede Spielerin eine Rückennummer, und die behält er oder sie bis zum Ende der Saison. Früher aber bekamen die Spieler ihre Nummern erst kurz vor dem Spiel und die Nummer richtete sich nach der Position, für die der jeweilige Spieler eingeteilt war. Der Torhüter trug immer die Eins, der Linksaußen die Elf, der Mittelstürmer die „Neun". Obwohl das heute nicht mehr so ist, stehen die Zahlen noch immer für diese Positionen. Aber nicht alle Trainer spielen mit einem richtigen Mittelstürmer. Darauf könnte sich der Gegner zu leicht einstellen. Eine „Falsche Neun" bezeichnet daher einen spielstarken Angreifer, der sich aber oft ins Mittelfeld zurückfallen lässt. So wird eine Überzahl im Mittelfeld erzeugt und gleichzeitig im Angriff Raum geschaffen, in dem auch andere Spieler und Spielerinnen zu Torchancen kommen können. Und das ist für den Gegner oder die Gegnerin sehr schwer berechenbar. Die beste „Falsche Neun" der Welt ist heute übrigens Lionel Messi vom FC Barcelona.

ENTDECKUNG

35

RuhrtalRadweg, oder:

WO FÄNGT DIE RUHR AN UND WO HÖRT SIE AUF?

?

Das Ruhrgebiet ist eine ziemlich große Region und erstreckt sich über 4436 Quadratkilometer. Das sind mehr als 600.000 Fußballplätze. Benannt wurde es nach einem Fluss: der Ruhr. Aber wo fängt die eigentlich an? Und hat sie ein Ende? Steig auf dein Fahrrad und finde es heraus!

Ein Fluss ist eine praktische Sache, vor allem, wenn man Dinge von einem Ort zum nächsten transportieren will. Sagen wir mal: Kohle. Wenn dieser Fluss dann auch noch durch mehrere Städte fließt, dann ist das beinahe schon perfekt. Denn man erreicht viele Orte über ein und denselben Weg. Die Ruhr ist so ein Fluss. Ihre Quelle, ihren Anfang, jedoch hat sie nicht hier, sondern im Sauerland, in der Nähe eines Ortes namens Winterberg und auf einem Berg, der Ruhrkopf genannt wird. Von hier aus fließt sie über mehr als 200 Kilometer bis nach Duisburg.

Auf diesem Weg kannst du ihr folgen. Dafür brauchst du nur ein Fahrrad und ein paar Tage Zeit. Denn es gibt einen Radweg, der den Fluss auf seiner langen Reise vom Sauerland ins Ruhrgebiet begleitet: den RuhrtalRadweg. Er ist 230 Kilometer lang, hat 23 einzelne Etappenorte und wurde so gebaut, dass auf ihm sowohl Kinder auf kleinen Rädern als auch Rennradfahrer Spaß haben. Berge gibt es keine und auch auf große Kreuzungen oder volle Hauptstraßen trifft man so gut wie gar nicht. Radfahrer und Radfahrerinnen sind also unter sich und werden nicht von Autos gestört.

Info

www.ruhrtalradweg.de

Erwachsene, die richtig schnell unterwegs sind, brauchen für den gesamten Weg circa ein bis zwei Tage. Du kannst dir aber auch viel mehr Zeit lassen und dir die lange Strecke zum Beispiel in 16 kürzere aufteilen. Unterwegs kannst du viele von den Orten sehen, die auch in diesem Buch beschrieben sind. Außerdem einen, von dem hier bislang noch nicht die Rede war. Er liegt in Duisburg, und übersehen kannst du ihn eigentlich nicht, denn ein Kunstwerk namens Rheinorange – eine große orangefarbene Stahlplatte, die senkrecht im Boden steht – weist auf ihn hin. Genau hier verschwindet die Ruhr in einem anderen, größeren Fluss: im Rhein. Gemeinsam machen sie sich von hier aus auf zur Nordsee.

Radfahrer sind unter sich

36

Landschaftspark Duisburg-Nord, oder: WIESO ENDET DIE RUTSCHPARTIE IM VORRATSBUNKER?

Im Landschaftspark Duisburg-Nord können Erwachsene und Kinder richtig tolle Sachen erleben: Deine Eltern dürfen im Hochseilgarten klettern gehen oder im Gasometer, einer riesigen runden Tonne, tauchen. Und auch auf dich warten jede Menge Abenteuer. Zum Beispiel auf der Riesenröhrenrutsche.

Landschaftspark ist eigentlich ein seltsames Wort. Denn dafür, dass es ein Park sein soll, stehen hier ganz schön viele Gebäude herum. Häuser mit Türmen, Treppen und Rohren dran zum Beispiel. Sie gehören zur alten Meidericher Eisenhütte und wurden nach deren Schließung 1985 nicht abgerissen, sondern mit in diese riesige Grünanlage hineingeplant. Sie und die ganze wild gewachsene Natur bilden gemeinsam den Park. Und der hat keine Zäune und kostet keinen Eintritt. Er hat noch nicht mal Öffnungszeiten. Erwachsene und Kinder können kommen und gehen, wann sie möchten, und alles auf eigene Faust entdecken. Besonders schön ist es hier übrigens abends, wenn die Gebäude und der ehemalige Hochofen bunt angestrahlt werden.

Weil das Gelände so groß ist, kommst du am besten mit dem Fahrrad – oder du leihst dir eines vor Ort aus. Denn auf diese Weise kannst du an einem Tag viel mehr sehen, als wenn du zu Fuß unterwegs wärst. Den alten Hochofen 5 zum Beispiel. In dem wurden früher Erze bei 2000 °C zu

Info

LANDSCHAFTSPARK DUISBURG-NORD
Emscherstraße 71

47137 Duisburg
Tel. (02 03) 4 29 19 19
www.landschaftspark.de

Roheisen geschmolzen. Heute ist er ein toller Aussichtsturm, den du gemeinsam mit deinen Eltern besteigen kannst. Gemeinsam könnt ihr auch im Kinderbereich der Erzbunkeranlage klettern gehen. Und dann gibt es natürlich noch den Abenteuerspielplatz. Dort schießt du per Riesenröhrenrutsche mal eben durch die Wand mitten in den Vorratsbunker, in dem einst Erze und Koks gelagert wurden, und darfst auf den Dingen und Gebäudeteilen herumturnen, die von der Eisenhütte übrig sind. Oder du probierst den Wasserspielplatz am Windenergieturm aus. Oder den Fußballplatz und die offene Halle für alle, die gerne kicken, skaten oder mit dem Mountainbike unterwegs sind. Nicht zu vergessen: der große Bauernhof mit vielen Tieren.

Und wenn du bei all dem ein bisschen den Überblick verlierst, dann hilft man dir am zentralen Besucherzentrum auf dem Gelände weiter. Natürlich können deine Eltern hier auch eine Führung buchen; für Schulklassen werden sogar Rallyes veranstaltet.

Eine Halle für Skater

Bergmannsuniform, oder:
WAS BEDEUTET „GLÜCK AUF"?

Die Arbeit unter Tage war nicht nur ziemlich anstrengend. Man wurde dabei auch ziemlich schmutzig. Auf typischen Fotos haben Bergleute meist ein schwarz verstaubtes Gesicht und ziemlich dreckige Kleidung. Zu besonderen Anlässen jedoch tragen viele von ihnen bis heute eine richtige Uniform.

Der 4. Dezember ist für Bergleute kein Tag wie jeder andere, denn es ist der Namenstag ihrer Schutzpatronin, der Heiligen Barbara. In vielen Bergbauorten finden am Barbaratag oder am Sonntag danach festliche bergmännische Umzüge statt. Die Bergmannskapellen spielen, und die Männer haben ihre Bergmannsuniform aus dem Schrank geholt. Dazu gehört auch ein hoher Hut, der Schachthut genannt wird und auf dem das Wappen der Bergleute, mit den Werkzeugen Schlägel und Eisen (ein Hammer und eine Art Meißel), in Gold zu sehen ist. Die Hutform ist einer Kappe nachempfunden, die ein Bergmann früher bei der Arbeit trug. Den Innenraum hatte er dick mit Schafswolle ausgestopft, um seinen Kopf zu schützen. Ein Helm ist da schon praktischer. Am auffälligsten an diesen Uniformhüten aber sind die Federbüsche. Manche sind weiß, manche rot, manche gelb. Das hängt ganz davon ab, in welchem Knappenverein (Knappen sind ausgebildete Bergleute) die Männer Mitglied sind. Diese Vereine waren entstanden, weil die Bergleute sich so gegenseitig besser helfen konnten, falls mal jemand krank wurde. Und man konnte natürlich auch zusammen feiern. An der Größe eines Federbuschs kann man übrigens ablesen, welchen Rang ein Bergmann hat: Je größer, desto wichtiger. Es gibt aber auch Vereine, die auf die Federhüte komplett verzichten und stattdessen so etwas Ähnliches wie Polizeimützen tragen. Ganz schön kompliziert, was?

Wie du siehst, kann man an einer solchen Uniform viel entdecken. Grundsätzlich sind sie aber immer schwarz, schließlich ist es in einem Bergwerksstollen immer dunkel. Die goldenen Knöpfe der Jacke, des Bergkittels, symbolisieren das Sonnenlicht. Und selbst die Zahl und Anordnung der Knöpfe und die Fransen am Ärmel haben eine Bedeutung. Wenn du bei einem Festumzug am 4. Dezember dabei sein kannst, dann frag doch einfach mal die Bergleute nach ihren Bergkitteln, sie erzählen dir bestimmt gerne mehr.

Typisch für einen echten Bergmannsumzug ist zudem ein sehr altes Lied: das Steigerlied. Ein Steiger ist im Bergbau so etwas wie ein Chef. Die erste Strophe geht so: „Glück auf, Glück auf, der Steiger kommt. Und er hat sein helles Licht bei der Nacht [...] schon angezünd't." Glück auf ist der sogenannte Bergmannsgruß, der sowohl Hallo als auch Tschüss bedeuten kann. Manche Leute behaupten, dass sich die Bergleute damit Glück für die Arbeit wünschen wollen – sie hoffen, dass sie im Stollen Kohle finden. Aber die meisten sind der Meinung, eigentlich gehe es nur darum, dass jeder von ihnen nach der Arbeit wieder heil nach oben auf die Erde zurückkehren möchte.

Federbüsche auf dem Kopf !

37

Nostalgisches Puppentheater Dortmund, oder:
WO LIEGT EIGENTLICH KASPERSHAUSEN?

Falls du schon ein wenig in diesem Buch geblättert hast, dann weißt du wahrscheinlich noch, wie viele Städte und Gemeinden es im Ruhrgebiet gibt: genau 53. Oder sind es nicht vielleicht doch 54? Da war doch noch dieses Kaspershausen …

Genau: Kaspershausen. Und das liegt wo? Mitten in Dortmund, in einem ehemaligen Steinmetzhaus im Westfalenpark. Bereits von weitem wird klar, dass es dort ein wenig anders sein muss als im restlichen Ruhrgebiet. Es ist schon komisch genug, dass eine Stadt in einem Haus liegt. Aber wenn dieses Haus dann auch noch aussieht wie eine Puppenstube, wird es richtig seltsam. Oder ist es ein Hexenhaus? Die Weihnachtsbäckerei? Nun, ein bisschen von allem. Das liegt unter anderem auch daran, dass rund um das Hauptgebäude mehrere kleine Häuschen stehen, in denen Märchenfiguren auf Knopfdruck zum Leben erwachen. Drinnen hast du dann plötzlich das Gefühl, als würdest du in einer Spielzeugtruhe aus vergangener Zeit stecken, umgeben von Nussknacker-Soldaten, lebensgroßen Stofftieren und Puppen.

Und ja: Es sind Puppen, die in Kaspershausen wohnen. Der Ort erwacht genau dann zum Leben, wenn sich der Vorhang auf der Bühne hebt. Denn wir stecken nicht wirklich in einer Spielzeugtruhe, sondern im Nostalgischen Puppentheater. Und auch wenn Kaspershausen keine offizielle Stadt

Wie in einer Spielzeugtruhe!

Info

NOSTALGISCHES PUPPENTHEATER
Westfalenpark Dortmund
Baurat-Marx-Allee

44141 Dortmund
Tel. (02 31) 55 49 66
(keine Kartenbestellung)
www.nostalgisches-puppentheater.de

des Ruhrgebiets ist, so ist sie doch eine Welt für sich. Hier lebt der Dortmunder Kasper, hier leben Gretel, Großmutter, König und Teufel und noch einige andere. Sie allesamt sind Handpuppen und längst nicht die Einzigen, die im Puppentheater die Zuschauer begeistern. Regelmäßig tauschen die Puppenspieler und Puppenspielerinnen ihre Handpuppen gegen Marionetten, die an Fäden über die Bühne geführt werden. Und die erzählen dann eigene Geschichten – vom Wunschpunsch, der kleinen Hexe oder Aschenputtel. Das alles ist bei den Menschen im Ruhrgebiet übrigens so beliebt, dass die Vorstellungen meist schnell ausgebucht sind. Wenn du also nach Kaspershausen willst, solltest du dich beeilen.

38

Alpincenter Bottrop, oder: WIESO LIEGT IN BOTTROP IM SOMMER SCHNEE?

Skifahren kann man nur in den Bergen. Und Schnee gibt es nur im Winter. Das ist beides richtig – und beides falsch. Denn in Bottrop liegt das ganze Jahr über Schnee, und Skifahren kannst du dort auch. Dabei hat das Ruhrgebiet von Natur aus eigentlich gar keine Berge.

Aber es gibt hier künstliche Berge, die Halden. Künstlich sind sie, weil der Mensch sie geschaffen hat, oder besser der Bergbau. Denn eines ist klar: Wenn die Bergleute tiefe Löcher in die Erde graben, um an die Kohle zu kommen, dann müssen sie auch irgendwohin mit all den Steinen und der Erde, die sie nicht gebrauchen können. Ein normaler Müllcontainer reichte dafür damals aber nicht. Stattdessen haben sie einfach alles zu großen Hügeln aufgeschüttet. Das geschah an so vielen Orten im Ruhrgebiet, dass es in diesem Buch zum Thema Halden noch mal ein eigenes Kapitel gibt.

Jetzt zum Schnee: Der liegt natürlich auch in Bottrop im Sommer nicht einfach so auf der Straße herum. Schließlich ist es dort auch nicht kälter als, sagen wir mal: in Castrop-Rauxel. Aber: In Bottrop gibt es eine Skihalle. In der ist es tatsächlich immer so kalt, dass der Schnee nicht taut – und die Menschen Ski fahren können. Es sieht allerdings schon ein bisschen lustig aus, wenn sie in T-Shirt und kurzer Hose anreisen und ihre Skier und dicken Winterjacken dabeiha-

info

ALPINCENTER BOTTROP
Prosperstraße 299–301
46238 Bottrop

Tel. (0 20 41) 7 09 50
www.alpincenter.com

ben. Weil es jedoch ziemlich teuer ist, auch im heißen Sommer eine ganze Halle eiskalt zu halten, sind auch die Eintrittspreise für eine ganze Familie nicht ganz billig. Deshalb solltest du dir einen solchen Ausflug vielleicht für einen besonderen Tag aufsparen.

Die Skihalle im Alpincenter in Bottrop ist mit 640 Metern Länge und 30 Metern Breite die längste überdachte Piste der Welt. Sie wurde mitten auf eine Halde gebaut, denn Skifahren macht am meisten Spaß, wenn es bergab geht. Von 24 Prozent Gefälle sprechen die Fachleute in Bottrop. Es geht in der Halle also nicht ganz so steil runter wie auf einer Achterbahn, aber man kommt trotzdem richtig in Fahrt. Genau wie übrigens draußen vor der Tür: auf der Sommerrodelbahn. Bis zu 43 Stundenkilometer erreichst du hier mit deinem Schlitten, und es geht ganze 1000 Meter immer die Halde hinab. Die Kokerei Prosper, der wir diesen künstlichen Hügel zu verdanken haben, hast du dabei immer im Blick.

Rodeln im Sommer

39

Phänomania Erfahrungsfeld Essen, oder: WARUM STECKT EIN FEUERTORNADO IN DER RÖHRE?

Museen gibt es viele. Dort kannst du dir viele Dinge angucken, aber anfassen darfst du sie meistens nicht. Im Phänomania Erfahrungsfeld in Essen ist das anders. Hier kannst du alles ausprobieren. Denn hier stehen keine Kunstwerke, sondern physikalische Experimentierstationen. Zum Beispiel ein Fahrrad mit dem du selbst Strom erzeugen kannst.

Wusstest du, dass auch Musik mit Physik zu tun hat? Immerhin sind Töne nichts anderes als Schwingungen. Die kannst du dir im Phänomania Erfahrungsfeld sogar in Zeitlupe angucken, und zwar ganz ohne Computer. Dafür musst du nur die Saiten einer Gitarre anschlagen. In einem Gefäß, das Klangschale genannt wird, bringen diese unsichtbaren Schallwellen sogar Wasser zum Brodeln, und auf den Chladnischen Klangscheiben formen sie symmetrische Muster aus dem Sand, der auf die Scheiben gestreut wurde. Symmetrisch bedeutet, dass zwei Hälften einer Sache absolut spiegelgleich sind. Das ist schon eine ziemlich große Leistung für etwas, das man eigentlich nicht sehen kann.

Mehr als 120 Experimentierstationen stehen in den Gebäuden der ehemaligen Zollverein-Schachtanlage 3/7/10. Zwischen Stromfahrrad, an dem du durch bloßes Treten einen Fernseher anschaltest, optischen Täuschungen, Zentrifugalschleuder und Stehender Welle kann man sogar noch

Info

PHÄNOMANIA ERFAHRUNGSFELD
Zollverein Schacht 3/7/10
Am Handwerkerpark 8–10

45309 Essen
Tel. (02 01) 30 10 30
www.erfahrungsfeld.de

ein paar der mächtigen alten Maschinen finden. Und auf dem Außengelände mit vielen weiteren interaktiven Stationen wie einer Camera obscura, einer großen Kamera, die dir die Welt auf dem Kopf stehend zeigt, steht das alte Fördergerüst. Bei gutem Wetter kannst du da hinaufsteigen, um auf die „große Schwester" dieser Anlage zu blicken: das UNESCO-Welterbe Zollverein.

Eine der aufregendsten Stationen findest du gleich hinter dem Eingang: einen Feuertornado. Keine Angst, das Gebäude brennt nicht etwa. Die Ausstellungsmacher haben das Feuer in eine Röhre aus Metall gepackt, wo du es durch viele kleine Löcher sehen kannst, ohne dass es gefährlich wird. Und genau durch diese Löcher gelangt Sauerstoff an die Flamme, wenn man die Röhre dreht. Und plötzlich wird aus einer kleinen Flamme ein hoher Feuertornado. Dieses Experiment wird stets vom Team des Phänomania vorgeführt, aber immer zum Ende der Vorstellung hin dürfen auch die Kinder mal an der Röhre drehen.

Ein Fahrrad zum Strommachen

40

Nordsternpark Gelsenkirchen, oder: WAS MACHT HERKULES AUF DEM DACH?

Mitten auf dem denkmalgeschützten Nordsternturm 2, auf dem Gelände der Zeche Nordstern in Gelsenkirchen, steht ein einarmiger Mann mit blauen Haaren und guckt in die Welt. Sein Name ist Herkules von Gelsenkirchen. Einen richtigen Nachnamen braucht er nicht, denn er ist kein Mensch, sondern ein Kunstwerk.

Herkules ist so ungefähr das Erste, was die Besucher vom Gelsenkirchener Nordsternpark zu sehen bekommen. Das ist auch nicht besonders schwer, schließlich steht er auf einem 83 Meter hohen Gebäude, ist selbst unglaubliche 18 Meter groß und wiegt 23 Tonnen. Zum Vergleich: Du müsstest ungefähr 54 Limonadenkisten übereinanderstapeln, um auf diese Höhe zu kommen. Diese Figur kann man wirklich nicht übersehen. Geschaffen wurde die Monumentalskulptur von dem Künstler Markus Lüpertz. Sie soll an den griechischen Helden Herkules erinnern, der mutig war und stark, auch wenn es mal nicht so gut für ihn lief. Denn so ähnlich, dachte sich Lüpertz, ging es auch dem Ruhrgebiet, als plötzlich die Zechen und großen Fabriken geschlossen wurden und viele Menschen ihre Arbeit verloren. Trotzdem haben sie sich etwas einfallen lassen, damit es weiterging.

Das Gelände der Zeche Nordstern zum Beispiel wurde zu einem großen Park. Hier kannst du aber nicht nur spazieren

Info

NORDSTERNPARK
Am Bugapark 1
45899 Gelsenkirchen

www.nordsternpark.gelsenkirchen.de

gehen oder picknicken, sondern auch klettern, toben, spielen und Schiff fahren. Sogar Konzerte werden hier gespielt, auf einer Bühne direkt am nahen Rhein-Herne-Kanal. Besonders interessant für Kinder ist das Kinderland, das sagt ja schon der Name. Es liegt an einem großen Spielplatz mit Wasser-, Sand- und Rasenflächen. Beliebt sind die Kletterpyramiden, aber auch das Floß und natürlich die Fässer, in denen du übers Wasser paddeln kannst. Hier können Kinder außerdem gemeinsam basteln, manchmal auch mit dem, was so im Park zu finden ist. Und wo gerade von finden die Rede ist: Falls du dich mit Geocaching auskennst, der Schnitzeljagd mit GPS, dann wirst du im Nordsternpark bestimmt ebenfalls fündig. Hier warten gleich mehrere Caches auf ihre Entdeckung. Vielleicht weiß Herkules ja, wo sie liegen. Leider kann er es nicht verraten.

Zum Toben ins Kinderland !

41

Wasserwelten, oder:
WIE KOMMT KULTUR IN DEN KANAL?

Vor allem im Sommer verbringen Erwachsene und Kinder ihre Zeit am liebsten draußen. Und besonders gerne sind sie dann am, auf oder im Wasser. Deshalb gibt es im Ruhrgebiet eine ganze Menge große Spaßbäder mit Wellenbecken oder Riesenrutschen. Aber auch an Flüssen und Seen kannst du dir perfekt die Zeit vertreiben.

Wichtig für das Ruhrgebiet sind vor allem drei große Flüsse: die Ruhr, die Emscher und die Lippe. Duisburg und Oberhausen liegen zudem am Rhein, der bedeutendsten Wasserstraße Europas. Und es gibt die sogenannten Stauseen der Ruhr: Hengsteysee, Harkortsee, Kemnader See, Stausee Hengsen, Baldeneysee und Kettwiger See. Was aber kannst du dort machen? Radfahren, Inlineskaten, spazieren gehen, segeln, Wasserski fahren – all das ist möglich. Und noch viel mehr: Wenn du magst, kannst du selbst ein Tretboot, Kajak oder Kanu steuern. Du kannst aber auch einfach auf eines der vielen Ausflugsboote steigen und dich damit über den See, durch einen Hafen oder durch eine Schleuse schippern lassen. Es gibt Badeseen. Oder Seen mit Sandstrand und Palmen wie den Baldeneysee in Essen, in dem das Schwimmen jahrzehntelang verboten war. Ab 2017 soll sich das ändern. Weil die Menschen sich das gewünscht haben. Und weil die Stadt Essen den Titel *Grüne Hauptstadt Europas 2017* gewonnen hat. Es gibt sogar einen See, den jüngsten im Ruhrgebiet, der eigentlich nur ein Loch füllt. Das Loch ist

Info

www.metropoleruhr.de
www.kulturkanal.ruhr

entstanden, als man das Stahlwerk, das dort stand, erst geschlossen und dann abgebaut und nach China verkauft hat. Gut ein Jahr lang lief Wasser in dieses riesige Loch, erst dann konnte der Phoenixsee in Dortmund eröffnet werden.

Wie du siehst, kannst du im Ruhrgebiet am, auf und im Wasser viel erleben. So viel, dass wir darüber beinahe den KulturKanal vergessen hätten. Was könnte das sein? KulturKanal ist so etwas wie der Spitzname des Rhein-Herne-Kanals, der mitten durchs Ruhrgebiet von Duisburg bis zum Dattelner Meer führt. Er steht im Mittelpunkt eines großen Kulturprojektes. Die Leute haben Picknickplätze geschaffen, veranstalten Hafenfeste und zeigen Kunstwerke unter freiem Himmel. Der Höhepunkt des Jahres aber ist die große Schiffsparade. Dann kannst du festlich geschmückte Schiffe und kleine Boote auf dem Kanal bestaunen, selbst dort mitfahren oder auf der großen Party mit toller Musik feiern. Denn der KulturKanal macht auch am Ufer Spaß.

Riesiges Loch mit Wasser gefüllt !

42

Explorado Duisburg, oder:
WOZU BRAUCHT DAS RUHRGEBIET EINEN BROTKORB?

Aus Getreide macht man Mehl. Aus Mehl macht man Brot. Und Brot, viel Brot, wird da benötigt, wo viele Menschen leben und arbeiten. Zum Beispiel im Ruhrgebiet. Das ist heute so und war früher nicht anders. Damals hatte das Ruhrgebiet sogar einen eigenen „Brotkorb". So lautete nämlich der Spitzname des Innenhafens Duisburg.

Früher gab es häufiger schlechte Ernten als heute – und deshalb mussten die Menschen im 19. Jahrhundert Getreide auch aus anderen Ländern kaufen. Am einfachsten ließ es sich über das Wasser transportieren. Duisburg liegt am Rhein, einem großen Fluss, der noch heute einer der wichtigsten Transportwege Europas ist. Das haben sich die Leute schon damals zunutze gemacht und deshalb direkt am Innenhafen große Mühlen und Getreidespeicher gebaut, in denen zum Beispiel sehr viel Weizen gelagert werden konnte. Und der Duisburger Innenhafen wurde tatsächlich so wichtig für die Getreideversorgung in der Region, dass man ihn *Brotkorb des Ruhrgebiets* nannte.

Kindermuseum mit Seekuh

Heute werden die alten Speichergebäude nicht mehr für Getreide genutzt. Stattdessen findet sich in einem davon ein Kindermuseum, in dem du die Geschichte des Getreidehandels nacherleben und noch sehr viel mehr entdecken kannst. Denn um Entdeckungen geht es im Explorado. Schließlich stammt schon der Name des Museums vom englischen Wort für Entdecker, *explorer,* ab. Und Platz für echte Abenteuer

ist hier genug: Auf drei Etagen können Kinder von vier bis zwölf Jahren die Welt erforschen, alles anfassen und alles ausprobieren. Du kannst deine eigene Geschicklichkeit testen, wenn du mitten durch einen Glöckchenparcours spazierst, ohne die Glocken zu berühren. Oder dein Können als Archäologe, wenn es darum geht, das Skelett einer Seekuh auszugraben, die vor langer Zeit in Duisburg gelebt hat.

„So schlau macht Spaß"

Auch Berufe werden hier erklärt, aber nicht mit Büchern. Man verpasst dir als Techniktester Helm und Handschuhe und lässt dich auf einer Kinderbaustelle einfach mal ausprobieren, was ein Bauarbeiter alles so können muss. Außerdem

Kinder als Techniktester !

lernst du im Explorado nicht nur, wie das seltsame Morse-Alphabet funktioniert, sondern auch moderne Satelliten. Und schließlich erfährst du, wie du statt deiner eigenen Fußabdrücke tierische Spuren im Sand hinterlässt, wie du ein Gokart mit den Armen in Bewegung versetzt statt mit den Füßen, wie ein Trickfilm entsteht und warum Pflanzen Erde brauchen, um zu wachsen. Ganz normale Dinge des Alltags eben, über die die meisten Menschen einfach nicht genauer nachdenken. Du bist also immer aktiv, mit Körper, Kopf und allen Sinnen. Was das Motto des Museums erklärt: So schlau macht Spaß!

Weil ziemlich viele Menschen das Explorado Kindermuseum besuchen, kann es leider vorkommen, dass man etwas länger anstehen muss. Deshalb solltest du möglichst früh in Duisburg sein.

Info

EXPLORADO KINDERMUSEUM
Philosophenweg 23–25
47051 Duisburg

Tel. (02 03) 29 82 33 40
www.explorado-duisburg.de

Eines der wichtigen Themen im Explorado ist die Kommunikation. Und deshalb basteln wir uns jetzt ein ganz einfaches Telefon. Alles, was du dazu brauchst, sind zwei leere Blechdosen und eine lange Kordel. Wichtig: Die Dosen müssen sauber sein – schließlich möchte niemand Pfirsichreste oder Erbsensuppe am Ohr haben. Und: Sie dürfen keine scharfen Kanten haben. Wenn dein Dosenöffner also nicht ganz sauber schneidet, dann versuche es lieber mit zwei leeren Joghurtbechern.

Im nächsten Schritt machst du jetzt mit einem Hammer und einem Nagel in jeden Dosenboden ein Loch. Das Loch darf nicht zu klein sein, die Kordel muss hindurchpassen. Nun schiebst du ein Ende der Kordel hinein und machst an der Doseninnenseite einen dicken Knoten, damit sie nicht wieder herausrutscht. Das andere Ende kommt an die andere Dose – und fertig ist das Telefon.

Jetzt brauchst du nur noch jemanden, der sich die zweite Dose schnappt und sich damit so weit von dir entfernt, bis die Kordel zwischen euch straff gespannt ist. Dann sprichst du deine Nachricht in die Dose und hältst sie dir danach ans Ohr. Und? Genau: Du kannst die Antwort deines Freundes oder deiner Freundin verstehen.

Das funktioniert, weil Töne nichts anderes sind als Schallwellen, die die Luft in Schwingungen versetzen. Würden dir deine Freunde direkt gegenüberstehen, könnten sie dich problemlos verstehen, weil die Schallwellen über die Luft das Ohr direkt erreichen. Sind sie weiter weg, klappt das ohne ein Hilfsmittel nicht mehr. Sprichst du aber in deine Dose, werden die Schwingungen zunächst auf den Dosenboden und von da aus auf die straffe Kordel und dann auf die zweite Dose übertragen – und auf diese Weise kommen sie bei deinem Freund oder deiner Freundin an.

EXPERIMENT

Trinkhallen, oder:
WER GEHT MA WACKA NACHE BUDE?

Das, was man heute als Bude, Büdchen oder Kiosk kennt, wurde ursprünglich als Trinkhalle errichtet. Und nichts anderes sollte man anfangs dort auch tun: etwas trinken. Und zwar Mineralwasser.

Stell dir einmal vor, dein Papa würde nur einen Teil seines Gehalts als Geld bekommen und den anderen als Bier. Ganz seltsame Vorstellung, oder? Aber im 19. Jahrhundert war es gar nicht so selten, dass die Arbeiter genau auf diese Weise bezahlt wurden. Und es geht noch seltsamer weiter: Da wegen der vielen Fabriken die meisten Flüsse und Bäche der Region nicht wirklich sauber waren, schmeckte das Leitungswasser aus dem Wasserhahn furchtbar – und es war, wenn man es zuvor nicht abkochte, auch nicht besonders gesund. Wenn die Bergleute also Durst hatten, tranken sie oft lieber Bier oder Schnaps.

Spezialisiert auf Milch

Die Industriellen und Fabrikbesitzer fanden das auf Dauer allerdings nicht so toll. Denn der Beruf des Bergmanns ist ziemlich gefährlich, und wenn jemand betrunken ist, passiert ein Unglück noch viel eher. Deshalb soll man ja auch nicht mehr Auto fahren, wenn man Alkohol getrunken hat. Also überlegten sich die Fabrikbesitzer eine Lösung und ließen Trinkhallen bauen. Kleine Pavillons, die meistens am Werkstor oder in der Nähe der Fabriken und Zechen standen. Hier konnten die Bergleute sauberes Mineralwasser kaufen. Es gab sogar Buden, die nur auf den Verkauf von Milch spezialisiert waren.

Wasser für die Arbeiter !

Mit der Zeit wurde an den Trinkhallen immer mehr angeboten: Kaffee oder Tee, etwas zu essen, die Tageszeitungen, Tabakwaren und natürlich, das war ganz wichtig: Bonbons. Alles, was man so brauchte über den Tag. Und weil die Leute schon einmal da waren, blieben sie gleich noch ein wenig länger und quatschten mit den Freunden, die sie dort trafen. Es gab kaum jemanden, der besser über den ganzen Klatsch und Tratsch in der Nachbarschaft Bescheid wusste, als der Besitzer oder die Besitzerin einer Trinkhalle. Als die Zechen und Fabriken im Ruhrgebiet jedoch nach und nach schlossen, mussten auch viele Büdchen-Besitzer aufgeben, weil die Kundschaft ausblieb. Richtig ernst für die übrigen wurde es dann in unserer Zeit: Heute kann man bis spät in der Nacht in den Supermarkt gehen oder sich an der Tankstelle nicht nur Benzin, sondern auch schnell noch Getränke oder eine Frikadelle holen. Früher war das nur am Kiosk möglich. Die Bude – circa 8000 davon gibt es noch – wird also immer weniger gebraucht.

Das fanden einige Menschen im Ruhrgebiet ziemlich blöd. 2016 wurde daher zum ersten Mal ein Tag der Trinkhallen gefeiert. An Buden überall in der Region spielten Bands, traten Künstler auf, wurde Theater gespielt, aus Büchern vorgelesen, zusammen gesungen oder statt Wurstbrötchen einfach mal ein leckeres Festmahl serviert. Es gab sogar eine Bude, an der du ein Fußballsammelbild mit deinem Foto drauf drucken lassen konntest. Und das hat den Menschen so viel Spaß gemacht, dass sie den Tag der Trinkhallen wiederholen wollen.

Tag der Trinkhallen !

Info

www.tagdertrinkhallen.ruhr

Eigentlich sprechen die Menschen im Ruhrgebiet ja ganz normal. Klar, manchmal sagen sie *dat* anstelle von *das* oder ziehen zwei Worte zu einem zusammen, also statt *hast du* eben *hasse* oder *haste*. Zum Beispiel: „Wennze mit der Maus den Pott entdeckst, hasse richtig Spaß." Das ist Ruhrdeutsch. Hier heißen Bonbons eben *Klümpchen*, *Bömmsken* oder *Klümpkes*. Und man geht auch nicht mal schnell zum Kiosk, sondern sagt: „Ich geh ma wacka nache Bude." Das ist so, weil schon vor langer Zeit viele Menschen aus anderen Ländern ins Ruhrgebiet gekommen sind, um hier zu arbeiten. Und irgendwie mussten sich ja alle miteinander verständigen. Also hat man im Laufe der Zeit eine eigene Umgangssprache entwickelt, in die auch Worte aus anderen Ländern übernommen wurden. Ich nenne dir jetzt fünf Begriffe und du versuchst zu erraten, was damit gemeint ist. Die Lösung findest du darunter. Um sie zu lesen, musst du das Buch aber umdrehen. Also: Weisse Bescheid?

Was ist Tinnef?

Tinnef bedeutet dummes Zeug; der Begriff geht auf das hebräische Wort tinnuf zurück, was so viel wie Schmutz bedeutet.

Was ist ein Hunt?

Kein Hund mit Rechtschreibfehler, sondern ein kastenförmiger Förderwagen, in dem Kohle transportiert wird.

Was ist betuppen?

Jemanden zu betuppen, bedeutet, ihn übers Ohr zu hauen. Das Wort stammt wahrscheinlich vom französischen Wort duper ab, das mit täuschen übersetzt werden kann.

Was ist ein Furzknoten?

Jemand, der kleiner ist als man selbst, meistens ist damit ein Kind gemeint.

ENTDECKUNG

43

LEGOLAND Discovery Centre Oberhausen, oder:

WIE VIELE GEGEN-STÄNDE KANNST DU AUS SECHS LEGOSTEINEN BAUEN?

Sie liegen auf dem Boden, stecken in deinem Rucksack, in der Küchenschublade und in den Ritzen des Sofas: kleine LEGO Steine. Schon deine Eltern haben damit Fantasiewelten gebaut, ebenso wie du selbst. Warum also solltest du extra nach Oberhausen fahren, um damit zu spielen?

Vielleicht weil es im LEGOLAND Discovery Centre gleich vier Millionen Steine auf einmal gibt. Und zwar nicht nur die normalen kleinen Steine, sondern auch richtig große. Damit kannst du Türme bauen, die höher sind als du selbst. Außerdem kannst du hier selbst gebaute Autos auf der Rennstrecke antreten lassen. Oder du stellst dir in der Fabrik einfach deinen eigenen LEGO Stein her. Vielleicht siehst du dir aber auch an, wie die Welt vor deiner Haustür im LEGO Format aussieht: Mit 1,5 Millionen Steinen wurden im Miniland viele Sehenswürdigkeiten des Ruhrgebiets nachgebaut – der Gasometer zum Bespiel. Hier gibt es sowohl eckige Kohleberge als auch das Heimatstadion von Borussia Dortmund, gebaut natürlich hauptsächlich aus schwarzen und gelben Steinen. Und das Beste: All diese Entdeckungen machst du gemeinsam mit vielen anderen Kindern. Es kann jedoch sein, dass du genau deswegen manchmal am Eingang

Info

LEGOLAND DISCOVERY CENTRE

Promenade 10
46047 Oberhausen
Tel. (0 18 06) 66 69 02 20

www.legolanddiscoverycentre.de/oberhausen

(0,20 €/Anruf aus dem dt. Festnetz, Mobilfunk max. 0,60 €/Anruf)

warten musst, bis du an der Reihe bist. Auch ist dieser Ausflug durchaus kostspieliger als beispielsweise ein Besuch im Freibad und deshalb wahrscheinlich nicht jedes Wochenende möglich.

Vier Millionen Steine zum Spielen sind natürlich eine ganze Menge. Rein theoretisch würden bereits sechs LEGO Steine mit je acht Noppen ausreichen, um dich tagelang, nein, wahrscheinlich eher wochenlang zu beschäftigen. Tatsächlich haben schlaue Menschen ganz genau ausgerechnet, wie viele verschiedene Objekte sich mit diesen paar Steinen bauen lassen. Und? Was schätzt du? Zwölf? 84? 300? Daneben. Es sind mehr als 915 Millionen. Da hast du also wirklich etwas zu tun. Übrigens: Erwachsene haben im LEGOLAND Discovery Centre nur in Begleitung ihrer Kinder Zutritt. Wenn Papa und Mama nett fragen, nimmst du sie aber doch bestimmt mit, oder?

Das Ruhrgebiet aus LEGO Steinen !

44

**mondo mio!
Dortmund, oder:
WAS BEDEUTET
EIGENTLICH NIJAMBO?**

Im Ruhrgebiet haben Kinder schon seit einem ganzen Jahrzehnt einen eigenen Planeten. Ja, du hast richtig gelesen: Es gibt hier einen Kinderplaneten. Sein Name lautet mondo mio! – das ist Italienisch und bedeutet: meine Welt. Wer einen Spaziergang durch diese Welt macht, der erlebt, wie der Alltag von Kindern in anderen Ländern aussieht.

Du hast es natürlich längst erraten: mondo mio! ist kein echter Planet. Es ist ein Kindermuseum. Allerdings eines, in dem es vor allem ums Mitmachen geht, ums gemeinsame Spielen und darum, den Alltag von Kindern in anderen Ländern kennenzulernen. Wie lebt es sich, wenn die Hütte, in der man wohnt, keinen Strom hat – und damit keinen Computer, keinen Fernseher, noch nicht mal einen Lichtschalter? Warum müssen manche Kinder Wasser von einem Brunnen holen und drehen nicht einfach den Wasserhahn auf? Welche Sprache spricht man in Indien? Und warum müssen Menschen in Brasilien umziehen, nur weil wir in Deutschland so gerne Hamburger essen? Gleich 25 Länder erklärt die große Ausstellung in Dortmund. In Spielen und an Mitmachstationen werden hier Themen wie Musik, Kommunikation, Müll, Sonne, Elektrizität, Wind, Wasser oder Stadt dargestellt – immer aus Sicht der Kinder. Bei der Frage nach der indischen Sprache zum Beispiel hilft die sprechende

Info

mondo mio!
Kindermuseum e.V.
Florianstraße 2

44139 Dortmund
Tel. (02 31) 5 02 61 27
www.mondomio.de

Weltkugel. Und wie die kleinen Hütten ohne Strom aussehen, kannst du selbst ausprobieren.

Das Museum hat zwei feste Ausstellungen, die immer zu sehen sind: *Weltenkinder* ist für Besucher ab drei Jahren geeignet; die Ausstellung *Nijambo – Energie für die Zukunft* für Kinder ab sechs Jahren. Nijambo bedeutet auf Suaheli – das ist eine Sprache in Afrika – so viel wie *Kraft für Neues*. Es umschreibt also die Fähigkeit, Probleme lösen zu können. Hier wird unter anderem gezeigt, dass vieles in der Welt zusammenhängt. So wie eben unsere Hamburger mit den Menschen in Brasilien, die ihr Zuhause verlieren, weil der Platz gebraucht wird, um dort immer mehr Rinder zu züchten. Man nennt das globale Zusammenhänge.

Übrigens: Das Museum kostet keinen Eintritt, damit jeder es besuchen kann. Da es mitten im Westfalenpark Dortmund liegt, müsst du und deine Familie nur den Eintritt für den Park bezahlen.

25 Länder in einem Museum !

45

Grusellabyrinth Bottrop, oder: WARUM GRUSELST DU DICH MANCHMAL GERNE?

Dass es in ihrer Waschkaue, einer großen Umkleidekabine, einmal spuken würde, konnten die Bergleute der Zeche Prosper II in Bottrop nun wirklich nicht ahnen. Aber genau das ist passiert. Stell dir vor: Es gibt dort nun ein dunkles Labyrinth voller Gruselgestalten. Und du musst nicht nur den Ausgang finden, sondern auch noch die kleine Marie befreien.

Bevor ich jetzt mehr erzähle, erst noch ein wichtiger Hinweis: Obwohl natürlich alle Figuren im Labyrinth Schauspieler sind, die sich geschminkt und verkleidet haben, kann es sein, dass du dich vor manchen etwas mehr fürchtest als vor anderen. Deshalb darfst du das Grusellabyrinth erst ab acht Jahren besuchen, und Kinder bis einschließlich 15 Jahren dürfen nicht ohne ihre Eltern hinein. Trotzdem geht es hier natürlich vor allem darum, Spaß zu haben. Und was noch wichtiger ist: Du musst dort – trotz Sensenmann, Mumien, Kobolden, Hexen und anderer gruseliger Gestalten – eine wichtige Aufgabe erfüllen. Die kleine Marie ist nämlich in einer bösen Traumwelt verloren gegangen, und Kinder und Erwachsene versuchen nun gemeinsam, sie daraus zu befreien. Dazu werden sie durch komplett dunkle Gänge mit Monstern geführt, bekommen es mit glitschigen Insekten zu tun oder treffen auf eine ziemlich hässliche Wahrsagerin, die mit der Albtraumwelt Kontakt aufnehmen kann.

Info

GRUSELLABYRINTH NRW
Knappenstraße 36
46238 Bottrop

Tel. (0 20 41) 5 67 06 66
www.grusellabyrinth.de

Das alles ist tatsächlich ziemlich gruselig. Trotzdem kommen Erwachsene und Kinder mit einem Grinsen aus dem Gebäude. Gruseln scheint also tatsächlich Spaß zu machen, obwohl Angst doch eigentlich ein blödes Gefühl ist. Warum? Weil wir genau wissen, dass uns in diesem Labyrinth nichts Schlimmes passiert. Die Monster sind nicht echt. Und wir kommen wieder hinaus. Dein Gehirn muss also immer zwischen Angst und Spaß umschalten, und das ist für unseren Körper ein ziemlich aufregender Zustand. Angstlust nennen das die Experten; du kannst es auch Spaß am Gruseln nennen. Genau deshalb sind übrigens auch Märchen wie *Hänsel und Gretel* so erfolgreich. Die Hexe ist zwar böse, aber alles wird gut. Schön, oder?

46

Zeche Nachtigall Witten, oder:
WAS IST EINE KNAPPENPRÜFUNG?

Die erste Zeche im Ruhrgebiet stand – nein, nicht in Essen oder Dortmund, sondern in Witten. Genauer gesagt: im Muttental. Schon vor fast 450 Jahren förderte man hier an den Hängen der Ruhr die ersten Brocken Kohle zutage. Deshalb nennt man die Gegend rund um die Zeche Nachtigall auch die Wiege des Ruhrbergbaus.

Denn genau hier hat alles begonnen, so etwa um das Jahr 1510 herum. Schriftlich nachgewiesen ist der Bergbau allerdings erst 1552 in den Gerichtsakten der Burg Hardenstein, deshalb muss man mit den Zahlen etwas vorsichtig sein. Im Laufe der Jahrhunderte soll es in Witten tatsächlich 660 Zechen gegeben haben – natürlich nicht alle gleichzeitig, aber doch überraschend viele. Heute wird im Muttental keine Kohle mehr gefördert, dafür kannst du hier wunderbar spazieren gehen und dabei einiges entdecken. Zum Beispiel eine alte Eisenbahnstrecke, die früher für den Transport der Kohle genutzt wurde. Damals zogen zunächst Pferde die Waggons. Heute fährt die Eisenbahn immer noch, ohne Pferde, dafür mit einer Dampflok und nur für Besucher. Und auf die warten gleich in der Nachbarschaft noch die Ruine der Burg Hardenstein, das Bethaus der Bergleute und natürlich die Zeche Nachtigall, die heute ein Museum ist.

Rein in den Berg

Auf der Zeche Nachtigall kann man sich anschauen, wie sich der Bergbau im Laufe der Jahrhunderte entwickelt hat. Zuerst hat man nämlich gar nicht in die Tiefe gegraben, sondern waagerecht in den Hettberg hinein. Erst als es im Berg kaum noch Kohle gab, fing man an, Schächte senkrecht nach

unten zu buddeln. Im Maschinenhaus kannst du die ältesten Fördermaschinen des Ruhrgebiets in Aktion erleben. Obwohl hier schon lange keine Bergleute mehr arbeiten, wird die Maschine regelmäßig eingeschaltet, damit Erwachsene und Kinder sehen (und vor allem hören) können, wie sie funktioniert. Und dann gibt es da noch ein 35 Meter langes Segelschiff, das zeigen soll, wie die Kohle früher über die Ruhr verschifft wurde. Kurz: Auf Nachtigall gibt es alles, was zum Bergbau gehört – von der Förderung bis zum Transport.

Am spannendsten ist es natürlich, hautnah zu erleben, wie das so unter Tage, also unter der Erde, ist. Und genau dafür gibt es die Führung *Kinder heizen ein* für Kindergeburtstage und Schulklassen: Jedes Kind bekommt ein Grubenhemd, einen Helm, eine Schaufel und einen Eimer, und dann geht es rein in den Berg. Genauer gesagt: in den Schacht Hercules aus dem Jahre 1839 und bis zu einem echten Steinkohleflöz. Ein Flöz ist eine Schicht aus Kohle unter der Erde. Dort angekommen, wird die Welt unter Tage erforscht und auch so gearbeitet, wie es die Bergleute einst getan haben. Dabei erhältst du beinahe automatisch Antworten auf ganz viele Bergbaufragen: Wo kommt die Kohle her? Was macht der Bergmann im Dunkeln? Wie fühlt sich Kohle an? Ein echtes Abenteuer, bei dem du dir ganz schnell mal eine schwarze Nase holst. Und schwarze Finger sowieso.

Kinder heizen ein !

Info

LWL-Industriemuseum
Zeche Nachtigall
Nachtigallstraße 35

58452 Witten
Tel. (0 23 02) 93 66 40
www.lwl-industriemuseum.de

Hast du schon einmal von einem Knappen gehört? Das ist jemand, der erfolgreich seine Lehre, also seine Ausbildung, zum Bergmann abgeschlossen hat. In anderen Handwerksberufen spricht man dann von einem Gesellen. Am Ende der Bergmannslehre steht die Knappenprüfung. So eine Prüfung gibt es auch heute noch – und im Muttental sogar für Kinder. Bei richtig großen Veranstaltungen auf der Zeche Nachtigall, wie dem Muttentalfest im März oder dem Türöffner-Tag der Maus im Oktober.

Was du bei einer Knappenprüfung machen musst? Eine ganze Menge: Du musst dich unter anderem im Kohlen-Weitwurf beweisen, und du musst den Nachbau eines Grubenwagens über eine Schiene schieben. Und das ist ganz schön anstrengend. Außerdem gilt es, die Hauer-Prüfung zu bestehen, das heißt, du musst mit Schlägel (einem viereckigen Hammer), Eisen (eine Art Meißel) und einem Presslufthammer arbeiten. Da wirst du ordentlich durchgerüttelt. Schlägel und Eisen gehören übrigens zum Gezähe des Bergmanns, seinen Arbeitsgeräten, und sind in vielen Bergmannswappen abgebildet.

Wenn du das alles und einen kleinen Parcours mit Kohleeimer und Schubkarre geschafft hast, gibt es für dich nicht nur eine Urkunde, sondern auch den sogenannten Knappenschlag. Das ist so etwas Ähnliches wie ein Ritterschlag, allerdings nicht mit einem Schwert, sondern mit einer Schaufel. Aber keine Angst, den Schlag erhältst du nicht auf den Kopf, sondern auf den Po. Und der wird vorher noch besonders geschützt. Durch ein Arschleder. Und bevor deine Eltern jetzt schimpfen: Ja, das heißt wirklich so. Ein Arschleder trugen die Bergleute bei der Arbeit, um ihren Hosenboden im engen Stollen zu schützen, schließlich wollte niemand plötzlich mit einer kaputten Hose dastehen.

ENTDECKUNG

47

ExtraSchicht, oder:
WARUM DAUERT EINE NACHT MANCHMAL GENAU ACHT STUNDEN?

Was Industriekultur ist, hast du beim Durchblättern dieses Buches wahrscheinlich längst verstanden: Alte Zechen und Industrieanlagen sind heute Museen, Theater und Veranstaltungsorte. Was aber ist die Nacht der Industriekultur? Warum wird sie auch ExtraSchicht genannt? Und warum dauert sie genau acht Stunden?

Um das zu verstehen, musst du erst einmal wissen, dass es im Ruhrgebiet eine offizielle *Route der Industriekultur* gibt. Das ist nicht wirklich ein Weg, den man entlanglaufen kann, um etwas zu entdecken, sondern eher eine Art Liste, auf der alle wichtigen industriekulturellen Orte versammelt sind: berühmte Zechen wie Zollverein und Zollern ebenso wie Halden oder alte Bergarbeitersiedlungen. All diese besonderen Orte sind kreuz und quer im Ruhrgebiet verteilt. Und nicht mal die Menschen in Oberhausen oder Hattingen wissen immer ganz genau, was in Dortmund oder Unna so los ist. Immer am letzten Samstag im Juni veranstalten die Städte des Ruhrgebiets daher seit 2001 ein gemeinsames Kulturfest: die Nacht der Industriekultur, der sie den Namen ExtraSchicht gegeben haben. Denn sie dauert genauso lange wie eine normale Schicht in einem Bergwerk: acht Stunden. Und das Beste: Die ExtraSchicht beginnt erst um 18 Uhr. Wenn du dabei bist, kannst du also – genau wie an Silvester – richtig lange wach bleiben und mitten in der Nacht tolle Abenteuer erleben.

Info

www.extraschicht.de

Schließlich erwarten dich im ganzen Ruhrgebiet Schauspieler, Musiker, Akrobaten, Zauberkünstler und Feuerwerker. Und zwar nicht nur direkt in den Museen, Zechen oder Parks, sondern auch drum herum oder auf dem Weg dorthin, zum Beispiel in der Straßenbahn. Denn auch das ist typisch für eine ExtraSchicht: Die Leute sollen nicht nur in ihrer eigenen Stadt Spaß haben, sondern auch die anderen Städte besuchen. Kultur und Kunst setzen Menschen eine Nacht lang in Bewegung – so ließe sich die ExtraSchicht beschreiben. Und das sind richtig viele Menschen: Zur ExtraSchicht sind im Durchschnitt etwa 200.000 Leute unterwegs. Immer von 18 Uhr bis 2 Uhr morgens. Dann ist die Nacht zwar eigentlich noch nicht zu Ende, aber eine normale Schicht nun einmal rum.

Ein großes Kulturfest !

Currywurst, oder:
WAS IST POMMES SCHRANKE?

?

Frag doch mal deine Eltern, Freunde oder Oma und Opa, ob sie ein Gericht kennen, das typisch ist für das Ruhrgebiet. Es wäre sehr wunderlich, wenn nicht mindestens einer von ihnen mit „Currywurst" antwortet. Dabei wurde die Wurst gar nicht hier erfunden. Doch nur bei uns hat sie sogar ihr eigenes Lied bekommen.

Kompliziert ist an einer Currywurst nichts: Man nimmt eine Bratwurst, Tomatensoße und Currypulver, packt alles in eine Pappschale und steckt einen Pommespieker, eine kleine Gabel aus Plastik oder Holz, in die Wurst – fertig. Curryketchup geht auch, aber nur zur Not, wenn keine Soße zu bekommen ist. Dazu gibt es ein Brötchen oder auch Pommes, je nachdem, wie viel Hunger man hat. Das wäre dann aber wirklich auch alles. Was also ist so toll an einer Currywurst? Und warum ist sie typisch für das Ruhrgebiet?

Zum einen finden sie viele Leute wirklich lecker. Zum anderen geht es schnell. Das heißt: Sie ist schnell gemacht und man kann sich schnell eine besorgen, in einem Imbiss zum Beispiel. Allerdings sagt im Ruhrgebiet niemand Imbiss zum Imbiss, sondern man geht in die Pommesbude oder die Frittenschmiede. Aber das nur nebenbei.

Die erste Currywurst wurde angeblich in Berlin erfunden. Dort wie auch im Ruhrgebiet gab es nach dem Zweiten Weltkrieg viele Menschen, die hart arbeiten mussten und die froh waren, wenn sie sich auf dem Weg nach Hause eine schnelle Mahlzeit kaufen konnten. Da kam ihnen die Wurst gerade recht.

Im Ruhrgebiet mag man die Currywurst so sehr, dass der Sänger Herbert Grönemeyer, der in Bochum geboren wurde,

1982 sogar ein Lied über sie gesungen hat. Das wurde in ganz Deutschland bekannt und beginnt mit der Strophe: „Gehse inne Stadt, wat macht dich da satt? 'Ne Currywurst." Damals hat er auch verraten, wo er seine Wurst immer gegessen hat: im Bratwursthaus in Bochum. Das gibt es auch heute noch. Dort und in allen anderen Pommesbuden im Ruhrgebiet kannst du dazu, wenn du magst, übrigens auch noch eine andere Spezialität bestellen: Pommes Schranke oder Pommes rot-weiß. Das sind keine gefärbten Pommes, sondern Pommes mit (weißer) Mayo und (rotem) Ketchup. Also genau dieselben Farben, die auch eine Warnschranke hat.

Pommes aus der Frittenschmiede !

48

Lichtkunst im Ruhrgebiet, oder:
WARUM HAT EIN ELEFANT EINEN AUFZUG?

?

Parks sind eine tolle Sache. Vor allem im Sommer. Dann kannst du dort toben und spielen – und schön bunt ist es auch, weil überall Blumen blühen. Aber was macht ein Park im Winter, wenn nichts mehr blüht? Kommen dann keine Besucher? Doch, sie kommen. Wegen vieler bunter Lichter. Und manchmal auch, um einen leuchtenden Elefanten mit Aufzug zu sehen.

Im Herbst und Winter wird es früh dunkel, weswegen du leider nicht mehr so lange wie sonst draußen spielen kannst. Trotzdem hat die frühe Dunkelheit auch ihre schönen Seiten. Vor Weihnachten zum Beispiel schmücken die Leute ihre Häuser mit bunten Lichtern und strahlenden Figuren. Und weil diese Lichter allen ziemlich gut gefallen, knipsen mittlerweile auch der Maximilianpark in Hamm, der Grugapark in Essen und der Westfalenpark in Dortmund im Herbst und Winter einfach mal das Licht an – mitten im Park. Bis in die Nacht hinein kannst du dann beim Hammer Herbstleuchten, dem Essener Parkleuchten und dem Dortmunder Winterleuchten in den Parks spazieren gehen und Figuren aus Licht, bunt angestrahlte Kunstwerke und Gebäude oder sogar Lasershows erleben. Dazu gibt es heißen Kakao, Bratwurst und im Maximilianpark eben auch einen strahlenden Elefanten. Der ist das Wahrzeichen des Parks

info

GRUGAPARK
Virchowstraße 167
45147 Essen
Tel. (02 01) 8 88 31 06
www.grugapark.de

WESTFALENPARK
An der Buschmühle 3
44139 Dortmund
Tel. (02 31) 5 02 61 00
www.wesfalenpark.de

und eigentlich ein Gebäude in Tiergestalt, das weltweit größte übrigens. 1984 hat der Künstler Horst Rellecke ein Gebäude der alten Zeche Maximilian, die Kohlenwäsche, komplett so umgebaut und mit Glas verkleidet, dass es nun aussieht wie ein Elefant. In seinem Inneren gibt es einen tollen Palmengarten. Und um den zu erreichen, musst du mit einem Aufzug im Rüssel des Elefanten bis nach oben fahren.

Licht spielt übrigens im Ruhrgebiet ganz allgemein eine ziemlich große Rolle. Genauer: Lichtkunst. Denn ganz oft werden alte Industrieanlagen und Bergwerke wie die Kokerei Zollverein in Essen oder der Landschaftspark Duisburg-Nord nachts bunt angestrahlt. Und zwar mithilfe aufwendiger Lichtkunstwerke. Wer mehr dazu wissen will, der findet in Unna gleich ein ganzes Museum zu diesem Thema: das Zentrum für Internationale Lichtkunst.

Licht als Kunst !

MAXIMILIANPARK
Alter Grenzweg 2
59071 Hamm
Tel. (0 23 81) 9 82 10
www.maximilianpark.de

ZENTRUM FÜR INTERNATIONALE LICHTKUNST
Lindenplatz 1
59423 Unna
Tel. (0 23 03) 10 37 51
www.lichtkunst-unna.de

49

Cranger Kirmes Herne, oder:
WAS IST EIN EMSCHERBRÜCHER DICKKOPP?

Sie gilt als das größte Volksfest Nordrhein-Westfalens: die Cranger Kirmes in Herne. Zehn Tage lang, immer ab dem ersten Freitag im August, ertönt auf dem Kirmesgelände am Rhein-Herne-Kanal dann der Ruf: „Wer will noch mal? Wer hat noch nicht?"

Und dabei hat sie einmal ganz klein angefangen, diese Kirmes, die 2017 zum 528. Mal stattfindet. Als Pferdemarkt nämlich, der im 15. Jahrhundert um den Laurentiustag am 10. August stattfand. Verkauft wurden damals vor allem die wertvollen Emscherbrücher Wildpferde, eine frei lebende Hauspferderasse. Manche Leute nennen diese Pferde auch Emscherbrücher Dickkopp, weil diese Tiere als ziemlich mutig und eigensinnig gelten, sie haben eben ihren eigenen Kopf. Und deshalb war es damals, als sie noch frei am Fluss Emscher unterwegs waren, gar nicht so einfach, sie einzufangen. Doch zurück zu unserem kleinen Pferdemarkt: Der wurde mit der Zeit auch für Artisten, Gaukler und Kirmesleute, die hier ein bisschen Geld verdienen wollten, interessant. Und je mehr Leute in den Bergwerken und Fabriken arbeiteten, desto mehr freuten sich über ein paar Stunden Spaß in ihrer freien Zeit. Die Kirmes war also ein echter Renner.

Und das ist sie heute noch: 500 Schausteller verteilen sich Jahr für Jahr auf dem riesigen Kirmesgelände. Hier gibt es Autoscooter und Geisterbahnen, Zuckerwatte und Würstchen,

Info

CRANGER KIRMES
An der Cranger Kirche

44653 Herne
www.cranger-kirmes.de

alte Kinderkarussells und ultraschnelle Fahrgeschäfte, bei denen sich den Leuten manchmal schon beim Zuschauen der Magen umdreht. Würde man all diese Fahrgeschäfte und Buden nebeneinanderstellen, dann wäre die Strecke fünf Kilometer lang. Das alles an einem Tag auszuprobieren, schafft niemand. Oder kannst du 50-mal die 100-Meter-Bahn auf dem Sportplatz hin und her laufen? Geht schon – aber alle 20 Meter auch noch Karussell fahren? Unmöglich. Vielleicht fängst du also besser mit einer kürzeren Strecke an und nimmst zum Beispiel an einer Kirmesführung für Kinder teil: einem spannenden Rundgang über den Rummel, bei dem wichtige Fragen geklärt werden. Oder weißt du schon, wie viel Zucker du für einen Zuckerwattespieß benötigst?

Fünf Kilometer langer Spaß

50

URBANATIX, oder:

WO KANNST DU WAGHALSIGE STUNTS SEHEN ?

Das Jahr 2010 war für das Ruhrgebiet ein ganz besonderes Jahr. Denn damals war das Ruhrgebiet Kulturhauptstadt Europas. Und weil sich die Menschen in der Region so über diese Auszeichnung gefreut haben, wurde ein Jahr lang gefeiert. Und zwar mit ganz spektakulären Veranstaltungen wie einer Party mitten auf der Autobahn.

Einen ganzen Tag lang wurde damals die A 40 gesperrt, sodass mitten auf der Autobahn von Duisburg bis Dortmund ein großes Fest gefeiert werden konnte. Statt Autos und Lkw waren Familien zu Fuß, mit dem Fahrrad oder auf Rollschuhen auf der Schnellstraße unterwegs. Und jeder, der mitmachen wollte, durfte sich auf den Seitenstreifen mit einem eigenen Programm präsentieren: einem kleinen Flohmarkt, Zaubertricks, mit einem Imbiss oder einer Seifenblasenmaschine. Alles war möglich. Den Veranstaltern war nämlich vor allem wichtig, dass die Menschen, die im Ruhrgebiet leben, sich am Programm beteiligen. Man wollte ihre Ideen umsetzen. Auch der Regisseur Christian Eggert hatte eine Idee: Er wollte Jugendliche aus dem Ruhrgebiet und bekannte Artisten aus aller Welt gemeinsam auf die Bühne bringen. Und zwar mit einer Show, in der die Jungen und Mädchen das zeigen konnten, was sie ansonsten auf der Straße in ihrer Freizeit machten: Breakdance, Parkour oder BMX-Rad-Stunts. Einen Namen für das Projekt hatte er auch: URBANATIX.

Zu tollen Rap-Sounds zeigten die Jugendlichen den staunenden Erwachsenen, wie sich Salti, Schrauben in der Luft

Info

www.urbanatix.de

und Tritte beim Tricking zu unglaublich schnellen Bewegungen verbinden. Und dass ein Dirtbike nicht etwa ein dreckiges Fahrrad ist, sondern ein echtes Sportgerät für waghalsige Sprünge. Und sie brachten einen Tic Tac auf die Bühne. Das ist eine bestimmte Bewegung in der Sportart Parkour, bei der man durch Sprünge und Turnbewegungen Hindernisse überwindet. Bei einem Tic Tac stößt man sich im Sprung links und rechts von einer Mauer ab. Die Zuschauer waren davon so begeistert, dass die URBANATIX-Leute einfach immer weiter gemacht haben. Und mittlerweile präsentieren sie jedes Jahr im November ein neues Programm in der Jahrhunderthalle Bochum.

Sprung von einer Mauer !

Und so, wie aus der RUHR.2010 URBANATIX entstanden ist, ist auch aus URBANATIX selbst etwas Neues hervorgegangen: OPENSPACE, eine Trainingsstätte in Bochum für Streetartistik. Und da kannst auch du mitmachen, denn für jüngere Kinder gibt es dort einen ganz eigenen Bereich: den *Space for Kids* zum Tanzen, Toben und Turnen.

51

Pfingst-Spektakulum Mülheim, oder: WO KÄMPFEN KINDER GEGEN RITTER?

Sie sind laut, sie sind mutig, und sie schlagen ein ganzes Heer in die Flucht. Nein, die Rede ist nicht von tapferen Rittern, sondern von Kindern wie du eines bist. Denn auch sie beweisen sich beim Pfingst-Spektakulum auf Schloß Broich alljährlich als echte Helden, gegen die selbst Stuntmen nichts ausrichten können.

Mutige Männer und Frauen wurden auf Schloß Broich schon immer gebraucht. Zum Beispiel im Jahr 883, als die Wikinger auf ihren Eroberungszügen bis in die Gegend von Duisburg vordrangen. Damals baute der ostfränkische Herzog Heinrich schnell ein schützendes Militärlager, aus dem mit der Zeit das heutige Schloss wurde. Das steht in Mülheim an der Ruhr und gilt als die älteste karolingische Festung im deutschen Sprachraum. Was nicht seine einzige Besonderheit ist. Außergewöhnlich ist auch seine Bauweise, die dir bestimmt sofort auffällt, wenn du davor stehst: Die Gebäudeeingänge befinden sich sämtlich im Inneren und gehen vom Burghof ab. Die Außenmauern dagegen sind besonders dick und haben nur sehr wenige Fenster. Typisch für ein sogenanntes Kastell, weil es sich auf diese Weise viel besser verteidigen lässt.

Wikinger lassen sich heute in Mülheim nicht mehr sehen. Dafür sind in Schloß Broich regelmäßig ähnlich tapfere

Info

SCHLOSS BROICH
Am Schloß Broich 28
45479 Mülheim an der Ruhr

Tel. (02 08) 9 60 96 16
www.muelheim-ruhr.de

Krieger zu Gast: Ritter nämlich. Und die rücken zum alljährlichen Pfingst-Spektakulum nicht nur mit ihren Rüstungen und Pferden an, sondern auch mit Gauklern, Händlern und Tavernenbesitzern. Alle zusammen sind Teil einer aufregenden mittelalterlichen Welt, in der Märchen erzählt, Schwerter geschmiedet und Schlachten geschlagen werden. Bei der wichtigsten, der Kinderschlacht, kannst auch du dabei sein und einen echten Schatz verteidigen. Und eines ist sicher: Bei diesem Spektakel kriegen die Ritter so richtig eins auf die Nase. Dabei stecken in den Rüstungen echte Stuntmen, die den Zuschauern beim Pfingst-Spektakulum spannende Ritterturniere mit Lanzen, Schwertern und im schnellen Galopp liefern. Und trotzdem haben sie gegen dich und das Kinder-Heer keine Chance.

Hier werden Schlachten geschlagen!

52

Kinderfilmtage Ruhrgebiet, oder: WER SIND EMO UND EMMI?

Eigentlich geht jeder gerne ins Kino, um sich bei Popcorn und zusammen mit seinen Freunden einen schönen Film anzuschauen. Und jetzt stell dir vor, das könntest du gleich sieben Tage lang machen, mit tollen Filmen, die extra nur für Kinder gedreht wurden. Genau das ist das Konzept der Kinderfilmtage Ruhrgebiet.

Die Kinderfilmtage haben 1983 mal ganz klein als Essener Kinderfilmwoche angefangen und finden heute, immer im Herbst eines Jahres, in gleich drei Ruhrgebietsstädten statt: in Essen, Oberhausen und Mülheim an der Ruhr. Warum gerade dort? In allen drei Städten gibt es neben den großen Kinoketten auch noch ganz alte Kinos, man nennt sie manchmal auch Filmkunsttheater. In Essen sind das die Lichtburg, das Eulenspiegel und das Filmstudio Glückauf, in Mülheim das Rio und in Oberhausen der Lichtburg Filmpalast. Schon die Namen klingen ganz anders als bei den üblichen Kinos, und auch von innen sehen sie ganz anders aus. Vor allem die Essener Lichtburg wirkt eher wie ein Opernhaus.

Gezeigt werden dort zu den Kinderfilmtagen ausschließlich Kinderfilme. Und zwar solche, die beim Zugucken richtig viel Spaß machen, und die einen trotzdem zum Nachdenken bringen. Und damit du mit diesen Gedanken nicht einfach so nach Hause gehen musst, haben die Kinderfilmtage noch ein zusätzliches Entdecker-Programm. In Workshops kannst du dich zum Beispiel mit anderen Kindern über die gezeigten Filme unterhalten, selbst kleine Filme

Info

www.kinderfilmtage-ruhr.de

drehen oder herausfinden, was alles gemacht werden muss, um einen Film auf die große Kinoleinwand zu bekommen. Manchmal kommt dazu sogar ein richtiger Regisseur vorbei.

Und dann sind da ja noch EMO und EMMI. Keine Kinder, sondern zwei Preise. Der EMO wird von erwachsenen Experten an den besten Kinderdarsteller oder die beste Kinderdarstellerin vergeben. Die EMMI geht an den besten deutschsprachigen Film, der im Rahmen der Kinderfilmtage gezeigt wird. Welcher das jeweils ist, bestimmen die Kinder selbst; das heißt, eine Kinderjury setzt sich zusammen und sucht gemeinsam einen Sieger. Und das Beste: Vorher schauen sie sich alle Filme gemeinsam an. Mit Popcorn natürlich.

Treffen mit einem echten Regisseur!

Klüngelskerl, oder:
WIE LANGE GIBT ES EIGENTLICH SCHON RECYCLING?

Was Recycling ist, weißt du bestimmt: Du bringst Plastikflaschen zum Pfandautomaten, Glas und Papier zum Container und alte Kleidung zu Sammelboxen. Recycling bedeutet nichts anderes, als dass man aus etwas Altem etwas Neues macht. Aus altem Papier zum Beispiel neues Papier. Eine tolle Methode, die man auch früher schon kannte.

Lange bevor es große Fabriken und Industriebetriebe im Ruhrgebiet gab, waren die sogenannten Lumpensammler in den Dörfern unterwegs. Lumpen sind alte Kleidungsstücke oder Stoffreste, die niemand mehr gebrauchen konnte. Niemand außer den Besitzern von Papiermühlen, weil die den alten Stoff zu Papier verarbeiteten. Diese besonders haltbare und damit recht wertvolle Papiersorte wurde Hadernpapier genannt, nach einem alten Wort für Lumpen: Hader. Der Lumpensammler tauschte die alte Kleidung gegen andere Sachen, die in den Dörfern schwer zu bekommen waren, Geschirr zum Beispiel, und verkaufte sie dann an die Papiermühlen. Ein Prinzip, das für alle Vorteile hatte, auch wenn die Lumpensammler damals nicht wirklich reich damit werden konnten.

Mit der Industrialisierung jedoch änderte sich auch die Aufgabe der Lumpensammler: Jetzt ging es vor allem darum, altes Metall einzusammeln. Mit kleinen Pferdewagen, später dann mit Pritschenautos oder Lastern, fuhren die Sammler auf der Suche nach verwertbaren Dingen durch die Straßen. Damit auch jeder mitbekam, dass sie da waren, hatten diese Klüngelskerle immer eine Flöte dabei, auf der sie laut spielten. So wusste jeder, der etwas abzugeben hatte, dass draußen auf der Straße ein Sammler unterwegs war. Klüngel ist übrigens das Ruhrgebietswort für alte Sachen.

Die Klüngelskerle von heute nennen sich allerdings lieber Altmetall- oder Schrotthändler. Manche fahren immer noch, das ist typisch für das Ruhrgebiet, mit kleinen Lastern durch die Straßen, aber sie haben schon lange keine Flöte mehr dabei. Stattdessen spielen sie Aufnahmen der alten Musik ab. Gehört werden sie trotzdem. Und viele Menschen sind froh, wenn sie kommen. Denn auf diese Weise müssen sie sich nicht selbst darum kümmern, dass die alte Waschmaschine oder das kaputte Fahrrad zum Recycling kommen. Achte einfach mal auf die Musik.

Lumpen-sammler und Schrott-händler!

53 Industriekultur auf Eis, oder: WO FÜHRT DICH DAS RUHRGEBIET AUFS GLATTEIS?

Schlittschuhlaufen macht richtig viel Spaß. Noch mehr Spaß macht es, wenn es an ungewöhnlichen Orten stattfindet. Zum Beispiel an einem Ort, an dem es bei Temperaturen von mehr als 1000 °C früher viel zu warm gewesen wäre für Eis.

1000 °C: Das ist die Temperatur, bei der bis 1993 in den Koksöfen der Kokerei Zollverein in Essen Kohle zu Koks gebacken wurde. Koks haben die Leute in den Eisenhütten des Ruhrgebiets und für die Stahlproduktion gebraucht. Damit heizten sie die großen Öfen an, in denen wiederum die Eisenerze geschmolzen wurden. Die Menschen hätten dafür theoretisch auch Kohle nehmen können, aber Koks macht beim Verbrennen viel weniger Dreck, der sich im heißen Roheisen sammeln kann. Mit Koks wurde das Roheisen also viel sauberer und der Stahl viel besser und damit auch viel wertvoller. Die Arbeit in einer Kokerei war damals eine richtig schweißtreibende und sehr anstrengende Angelegenheit.

Rot wie Koks und Blau wie Eis **!**

Eislaufen auf der Kokerei

Obwohl die Koksöfen längst erloschen sind, kannst du heute von Anfang Dezember bis Anfang Januar auf der Kokerei Zollverein auch heute noch ins Schwitzen kommen. Denn seit mehr als 15 Jahren entsteht auf einer Freifläche zwischen den großen Koksöfen eine 1800 Quadratmeter große Kunsteisbahn, die zwar nicht besonders breit, aber dafür ziemlich lang ist. Vor allem, wenn es dunkel geworden ist, kommt man als Besucher hier aus dem Staunen nicht heraus. Dann

wird nämlich die Lichtinstallation *Monochromatic Red and Blue* der Künstler Jonathan Speirs und Mark Major einge-schaltet – und Kokerei und Eisbahn erstrahlen in rotem und blauem Licht. Was ganz wunderbar zum Thema passt: rot wie glühender Koks und blau wie kaltes Eis.

Auch die Stadt Bochum legt seit Dezember 2016 ein Stück Industriekultur auf Eis: In der Jahrhunderthalle wurde erst-mals 20 Tage lang eine 90 mal 15 Meter große Fläche vereist und in den EisSalon Ruhr verwandelt. Früher diente diese Halle als Gaskraftzentrale, die dem Bochumer Gussstahl-werk die notwendige Energie lieferte. Und weil Eis nicht nur unter Schlittschuhkufen Spaß macht, sondern auch im Bauch, wurde gleich noch eine Eis-Lounge eingerichtet. Mit Speiseeis natürlich. Der EisSalon Ruhr soll übrigens auch in den nächsten Jahren stattfinden.

Vereiste Innenstadt

Eis gibt es in Essen übrigens nicht nur auf der Kokerei Zoll-verein. Seit 2001 gestaltet die Stadt ihren zentralen Platz zu

einer weißen Winterlandschaft um: ESSEN.ON ICE. Neben einer 1000 Quadratmeter großen Eisbahn und zwei Eisstockbahnen wird dann auch eine 70 Meter lange Rodelbahn installiert. Das alles findet sich auf dem Kennedyplatz. Wie in einem echten Winterurlaub in den Bergen. Und dabei ist es total egal, ob im Ruhrgebiet tatsächlich Schnee gefallen ist oder nicht.

STIFTUNG ZOLLVEREIN
Halle 6, Schacht XII
Gelsenkirchener Straße 189
45309 Essen
Tel. (02 01) 24 68 10
www.zollverein.de

**BOCHUMER
VERANSTALTUNGS-GMBH**
Viktoriastraße 10
44787 Bochum
Tel. (02 34) 6 10 30
www.jahrhunderthalle-bochum.de

Info

ESSEN.ON ICE.
Kennedyplatz 1
45127 Essen
www.essen-on-ice.de

70 Meter
zum Rodeln !

Mit einem ganz einfachen Experiment kannst du deine eigene Empfindung von heiß oder kalt ein bisschen an der Nase herumführen. Und dafür brauchst du nicht viel: drei Schüsseln, Wasser und vielleicht ein paar Eiswürfel. Die gibst du zusammen mit kaltem Wasser in eine der Schüsseln. Die zweite füllst du mit lauwarmem Wasser, das ungefähr Zimmertemperatur hat, und die dritte mit richtig warmem Wasser auf. Das darf natürlich nicht kochen, denn dann würdest du dich ja verbrühen. Es sollte aber schon ungefähr die Temperatur deines Badewassers haben.

Jetzt steckst du eine Hand in die Schüssel mit kaltem Wasser und eine in die mit warmem und bleibst einen Moment so stehen. Erst nach zwei, drei Minuten ziehst du deine Hände heraus, tauchst beide zusammen in die dritte Schüssel mit lauwarmem Wasser – und wirst etwas Seltsames feststellen: Obwohl beide Hände in derselben Schüssel stecken, empfindest du das Wasser unterschiedlich. Für die Hand aus dem warmen Wasser ist es jetzt kalt; für die aus dem kalten warm. Und dabei handelt es sich doch um ein und dasselbe Wasser.

Wie geht sowas? Die Erklärung ist eigentlich ganz einfach: Deine Hände haben sich in kurzer Zeit bereits an die unterschiedlichen Temperaturen gewöhnt; dir ist also gar nicht mehr aufgefallen, dass die eine Hand in kaltem und die andere in warmem Wasser steckt; für beide wurde die jeweilige Temperatur sozusagen normal. Und deshalb fällt die Reaktion auf das lauwarme Wasser so unterschiedlich aus.

EXPERIMENT

54

Starlight Express Bochum, oder:

KÖNNEN ZÜGE ROLLSCHUH FAHREN?

Es war einmal eine kleine Dampflok namens Rusty, die bei der Weltmeisterschaft der Eisenbahnen antreten wollte. Wie sie sich in diesem Rennen schlug, könnt du und deine Familie im Musical Starlight Express in Bochum erleben. Das Besondere: Ihr sitzt dann nicht in einem normalen Theater, sondern quasi mitten auf der Bühne.

Seit 28 Jahren wird die Geschichte von Rusty, der gegen die Diesellok Greaseball und die E-Lok Electra antrat, nun schon in Bochum erzählt. Woche für Woche, Tag für Tag. 1988 haben die Leute in Bochum für das Musical des berühmten Komponisten Andrew Lloyd Webber sogar ein eigenes Theater gebaut. Das war auch notwendig, denn Starlight Express spielt – anders als ein normales Theaterstück – nicht einfach nur auf einer Bühne, vor der die Zuschauer sitzen. Das Wettrennen zwischen den unterschiedlichen Loks findet mitten zwischen den Zuschauern statt.

Und weil es ziemlich langweilig wäre, wenn die drei Schauspieler in ihren knallbunten Zugkostümen einfach ein bisschen hin und her rennen würden, um das große Wettrennen nachzuspielen, hat man sich etwas ganz Besonderes einfallen lassen: Alle Darsteller tragen Rollschuhe – und mit denen geben sie richtig Gas. Bis zu 60 Stundenkilometer schnell sind sie auf Bahnen zwischen den Zuschauerreihen unterwegs. Und dabei müssen sie auch noch singen. Damit

Info

STARLIGHT EXPRESS THEATER
Stadionring 24
44791 Bochum

Tel. (03 75) 27 06 66 90
(Ticket-Hotline)
www.starlight-express.de

dies alles funktioniert und bei der hohen Geschwindigkeit nichts passiert, sind die Rollschuhe besonders sichere
Spezialanfertigungen. Doch auch die gehen in 28 Jahren
irgendwann einmal kaputt. Wie viele Rollschuhe genau seit
der ersten Runde 1988 für das Musical bereits benutzt wurden, weiß niemand so genau. Es müssen Hunderttausende
gewesen sein. Greaseball übrigens trägt sogar brennende
Rollschuhe, und die der Lok Electra sprühen Funkenfon-
tänen. Dem Wettrennen zuzuschauen, ist also richtig auf-
regend, und manchmal rasen die Darsteller so schnell an dir
vorbei, dass dir kurz der Atem stockt.

Da ein Musical ist für eine ganze Familie ziemlich teuer
ist, besucht ihr es am besten zu einem besonderen Anlass.

**Brennende
Rollschuhe
und Funken-
fontänen**

Was entdeckt die Maus in deiner Stadt?

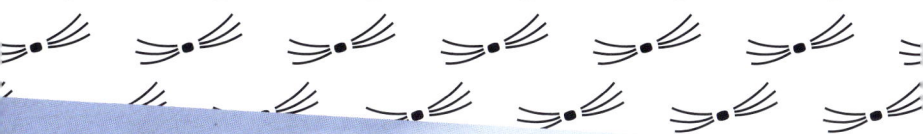

Impressum

Bibliografische Information der Deutschen Nationalbibliothek
Die Deutsche Nationalbibliothek verzeichnet diese Publikation in
der Deutschen Nationalbibliografie; detaillierte bibliografische Daten
sind im Internet über http://dnb.d-nb.de abrufbar.

© 2017 Droste Verlag GmbH, Düsseldorf
© I. Schmitt-Menzel/Friedrich Streich
WDR mediagroup GmbH
Gestaltung und Satz: Droste Verlag
Druck und Bindung:
Werbedruck GmbH Horst Schreckhase, Spangenberg
ISBN 978-3-7700-2009-6

www.drosteverlag.de